Benjamin Piwko

Man hört nur mit dem Herzen gut

Benjamin Piwko

Man hört nur mit dem Herzen gut

Was Hörende von Gehörlosen lernen können

MIX
Papier aus verantwor-
tungsvollen Quellen
FSC® C083411

Verlagsgruppe Random House FSC® N001967

1. Auflage
Originalausgabe November 2019
Copyright © 2019: Mosaik Verlag, München,
in der Verlagsgruppe Random House GmbH,
Neumarkter Str. 28, 81673 München
Illustrationen: niklas pelle fuchs
Umschlag: UNO Werbeagentur, München
Umschlagmotiv: Katrin Schöning, Hamburg
Umschlagmotive innen: Benjamin Piwko privat
Konzept und Mitarbeit Text: Lisa Bitzer
Lektorat: Christiane Bernhardt
Satz: Satzwerk Huber, Germering
Druck und Bindung: CPI books GmbH, Leck
Printed in Germany
GS · CB
ISBN 978-3-442-39368-8
www.mosaik-verlag.de

Für euch

Inhalt

Hallo

Vorwort

»Sie haben einen Tumor an der Lunge. Sie müssen sofort operiert werden.«

Ich weiß nicht, wie oft ich den Satz in der letzten halben Stunde in meinem Kopf wiederholt habe. Ich habe einen Tumor an der Lunge. Einen verdammten Tumor.

Deshalb hatte ich in den vergangenen Tagen so furchtbare Schmerzen beim Atmen. Das Gefühl, als würde etwas im Inneren meine Lunge auffressen. Ich habe schlecht Luft bekommen: weil dieser Tumor eine Lungenembolie ausgelöst hat. Beinahe wäre ich erstickt – nicht mehr viel hat gefehlt. Und das, obwohl ich seit fast zwei Wochen im Krankenhaus liege.

Vor dem Fenster wird es bereits dunkel. Es ist Adventszeit, in vielen Fenstern sieht man Kerzen. Die Stimmung ist feierlich. Nur Veronica und mir ist überhaupt nicht nach Feiern zumute. Ich bin unendlich dankbar, dass meine Frau ununterbrochen an meiner Seite ist, so wie jeden Tag, seitdem ich eingeliefert wurde. Ohne sie wäre ich verloren. Sie spricht mir Mut zu. Kümmert sich um alles. Sie ist die Einzige, die mir wirklich zuhört und die mir glaubt. Viermal war ich in den vergangenen Wochen schon im Krankenhaus, viermal wurde ich wieder weggeschickt. Erst jetzt, beim fünften Mal, nimmt man mich ernst. Und jetzt geht es um jede Sekunde.

Die Botschaft des Arztes musste mir Veronica noch einmal in Gebärden übersetzen, weil ich einfach nicht glauben konnte, was ich von seinen Lippen ablas.

»Sie haben da etwas in der Lunge, möglicherweise einen Tumor, der vermutlich eine Lungenembolie ausgelöst hat. Wir müssen Sie in ein anderes Krankenhaus verlegen. Dort werden Sie sofort operiert.«

Seit Tagen liege ich jetzt in dieser Klinik. Seit meiner Einlieferung frage ich nach einem MRT. Aber die behandelnde Ärztin hat immer nur gesagt, das sei nicht nötig. Ihre Erkältung rettet mir jetzt vielleicht das Leben. Denn nur, weil sie krankheitsbedingt ausgefallen ist und von einem Kollegen vertreten wird, habe ich heute früh das MRT bekommen, nach dem ich die ganze Zeit verlangt habe. Das MRT, auf dem der eventuelle Tumor an meiner Lunge zu erkennen ist. Das MRT, das hoffentlich nicht zu spät gekommen ist.

In den letzten Wochen habe ich mich oft gefragt, warum es im Krankenhaus keinen Dolmetscher für deutsche Laut- und deutsche Gebärdensprache gibt. So oft habe ich in meinem Leben schon verflucht, dass ich nicht hören kann wie die meisten anderen Menschen. Aber in den vergangenen Tagen war es besonders schlimm. Obwohl ich sprechen kann, hatte ich das Gefühl, mir kein Gehör verschaffen zu können. Und auch wenn ich in der Lage bin, von den Lippen abzulesen, spürte ich doch, dass ich immer nur die Hälfte mitbekam.

Mein Krankenhausaufenthalt ließ mich außerdem immer wieder an die Menschen in meinem Leben denken, die in den letzten Jahren gestorben sind – an Krebs. Sie sind heute meine Schutzengel, da bin ich sicher. Mein bester Freund, aber vor allem meine Mutter. Ihr Tod kam so schnell. Da war ein Tumor in ihrem Gehirn, der zu spät erkannt wurde und bereits gestreut hatte. Ein paar Monate nach der Diagnose war sie tot.

Ob es mir genauso ergeht?

Zwei Schwestern in grünen OP-Kitteln kommen herein. »Wir nehmen Sie jetzt mit in die Anästhesie«, lese ich von ihren Lippen ab.

Meine Frau tritt an mein Bett. Sie küsst mich, drückt voller Sorge meine Hand. Ihr Blick ist tränenverhangen, doch sie lächelt. »Wir sehen uns in ein paar Stunden. Ich verspreche dir, ich werde hierbleiben.«

Dann wird mein Bett hinaus in den Flur geschoben. Ich starre an die Decke, wo die Neonröhren vorbeifliegen. Es geht durch Gänge und Türen, mit dem Aufzug fahren wir in ein anderes Stockwerk. Der Geruch verändert sich, hier oben riecht es nicht nach Putz-, sondern nach Desinfektionsmitteln. Und es stehen viel mehr technische Geräte herum. Keine Bilder hängen mehr an den Wänden. Keine Pflanzen stehen in den Fenstern. Aber die Neonröhren sind die gleichen.

Ein Arzt beugt sich über mich und sagt offenbar etwas zu mir. Doch er trägt einen Mundschutz.

»Ich bin gehörlos. Ich kann Sie nicht verstehen«, sage ich und zeige dann auf meinen Mund. »Ich muss Ihre Lippen sehen, dann kann ich von ihnen ablesen.«

Der Arzt nimmt den Mundschutz ab. Er lächelt, stellt sich vor, sagt, dass er meine Narkose überwache. Dann legt er mir einen Zugang in die Vene und verabreicht mir ein leichtes Beruhigungsmittel. Meine Gedanken schweifen ab. Immer wieder denke ich an die Antwort meines behandelnden Arztes, als ich ihn fragte, ob ich überleben würde. Er sagte: »Das kann ich leider nicht versprechen.«

Ich blinzele gegen das grelle Licht. Meine Lider werden schwerer. Ich habe Angst, dass es zu spät ist, dass ich die Krankheit nicht überleben werde. Ich fürchte mich davor, Veronica nicht mehr wiederzusehen. Aus der Operation aufzuwachen und dieselbe Diagnose wie meine Mutter zu bekommen. Oder ein anderer zu sein. Wird mich der Eingriff verändern? Werden sie den Tumor entfernen können? Und kann ich wieder gesund werden?

Der Narkosearzt erscheint noch einmal. Diesmal hat er den Mundschutz gleich weggelassen. »Herr Piwko, wir fangen jetzt mit dem Anästhetikum an. Können Sie mal von zehn rückwärts runterzählen?«

»Zehn ...«

Ich habe einen Tumor an der Lunge.

»Neun ...«

Ich werde gleich operiert.

»Acht ...«

Ich will nicht sterben.

»Sieben ...«

Ich will nicht sterben!

»Sechs ...«

Dunkelheit.

Kommunikation

Der Flügelschlag
eines Schmetterlings

Als ich acht Monate alt war, veränderte sich meine Welt für immer – und zwar ohne dass ich es auch nur bemerkte.

Meine Mutter war mit mir auf dem Spielplatz, ich buddelte im Sand und spielte fröhlich vor mich hin. Nach einiger Zeit rief sie meinen Namen, doch ich reagierte nicht. Sie ging auf mich zu, rief immer wieder: »Benjamin! Benjamin?« Zuerst nahm sie wohl an, ich wäre in mein Spiel mit den Förmchen versunken. Doch als Medizinerin kam ihr meine fehlende Reaktion merkwürdig vor, also brachte sie mich zum Kinderarzt.

Sie berichtete ihm von einer Erkältung, mit der ich mich seit ein paar Tagen herumschlug. Eine laufende Nase, leicht erhöhte Temperatur in der Nacht – alles ganz normal für ein Baby und eigentlich kein Grund zur Beunruhigung.

»Aber er scheint ein Problem mit dem Gehör zu haben«, erklärte sie dem Kinderarzt, »er hat gestern und heute nicht auf seinen Namen reagiert, als ich ihn gerufen habe.«

Der Arzt nahm eine Triangel aus einer der Schubladen seines Schreibtischs und ließ sie erklingen. Beim ersten

Ton kam von mir keine Reaktion – dann jedoch sah ich wohl aus dem Augenwinkel den zweiten Schlag und drehte meinen Kopf in seine Richtung.

»Sehen Sie«, meinte der Arzt zu meiner Mutter. »Alles ganz normal.«

Es war nur ein kleiner Moment. Eine Unachtsamkeit des Arztes. Vielleicht hatte er schon zweihundert andere Kinder mit einem ähnlichen Befund richtig diagnostiziert. Vielleicht war ihm ein Fall wie meiner tatsächlich noch nie untergekommen. Vielleicht hatte er auch einfach einen schlechten Tag und wollte bald Feierabend machen. Aber seine Entscheidung veränderte mein Leben und das meiner Mutter von Grund auf und für immer – wie der sprichwörtliche Flügelschlag eines Schmetterlings, der hundert Kilometer weiter einen Orkan auslöst.

Er schickte meine Mutter mit mir nach Hause. Die Erkältung wurde schlimmer, und sie brachte mich schließlich ins Krankenhaus. Ich bekam eine Infusion mit einem Medikament, das die Virusinfektion bekämpfen sollte. Mehrere Tage und Nächte wachte meine Mutter in großer Sorge neben mir am Krankenbett – es ging um alles oder nichts. Das erste Mal in meinem noch so kurzen Leben. Ich war in schlechter Verfassung, denn ein solch kleiner Körper steckt eine so heftige Infektion nicht einfach weg. Schließlich wirkten die Medikamente jedoch – und ich war über den Berg.

»Ihr Sohn hat Glück gehabt«, sagte der behandelnde Arzt in der Klinik. »Das hätte auch ganz anders ausgehen können.«

Allerdings hatte mein Überleben einen Preis gehabt. Denn die Infektion hatte meinen Gehörnerv angegriffen und ihn irreparabel geschädigt. Ich hatte überlebt. Doch ich war innerhalb weniger Tage ertaubt.

Seitdem lebe ich in einer stillen Welt.

Ich höre keine Hupen, keine Fahrradklingeln, keinen Laubbläser, keinen herannahenden Zug, kein Kindergeschrei, keine Bohrmaschinen und keinen Streit in der Nachbarwohnung. Aber auch keine Musik, kein Meeresrauschen, keinen Wind in den Bäumen, keine zärtlichen Worte, kein Knirschen von frisch gefallenem Schnee, wenn man darüberläuft, kein Gluckern von Wein, der aus der Flasche fließt, kein Knistern eines Feuers und keinen Regen, der auf ein Dachfenster prasselt.

Gehörlose haben keine Vorstellung von laut und leise, denn sie hören ja den Unterschied nicht. Ich habe keine Ahnung, wie laut die Lautstärke eines Hubschraubers tatsächlich ist – denn auch wenn ich von Hörenden weiß, dass er sehr laut ist, kann ich ihn nicht hören. Ein Rasenmäher bringt 80 Dezibel zustande, eine Kreissäge 100, ein Düsenflugzeug 120. Nicht mal wenn man direkt neben mir einen Silvesterböller abfeuern würde, würde ich es hören – was ich spüre, ist der Luftdruck, allerdings nur bei sehr lauten Geräuschen, die in meiner Nähe stattfinden.

Jedes Geräusch ist im Grunde eine Schwingung des Luftdrucks, die auf das menschliche Trommelfell auftrifft. Dieser Impuls wird an das Gehirn weitergeleitet und dort in einen akustischen Eindruck umgewandelt. Je heftiger die Schwingung, die auf das Trommelfell trifft, umso lauter wird der Höreindruck. Die Energie, die ein Geräusch hat, entscheidet also über die Lautstärke.

Diese starke Energie nehme auch ich wahr – selbst wenn ich sie nicht hören kann, denn in meinem Ohr funktioniert die Übersetzung von Schall in Geräusch nicht mehr, auch wenn meine Trommelfelle noch vollkommen intakt sind. Ich habe niemals einem Klavierspiel gelauscht und weiß nicht, wie sich Laub anhört, das auf die Erde fällt. Was ich jedoch weiß: Blätter segeln leise von den Bäumen herab. Deswegen ist der Satz »Sie weiß nicht, dass der Schnee lautlos auf die Erde fällt« aus Herbert Grönemeyers Lied »Musik nur, wenn sie laut ist« auch Quatsch. Ich weiß, dass Schnee lautlos auf die Erde fällt! Es ist eine zarte, sachte Bewegung, ein luftiger Hauch, der so gut wie keine Energie für sich beansprucht, im Gegensatz zu Hagel, der mit einer ganz anderen Intensität auf den Asphalt donnert, ja sogar von ihm abprallt und noch ein paar Mal über den Boden springt. Das muss ich nicht hören, das kann ich sehen.

Ein im Wind rauschender Baum ist lauter als sich kaum bewegende Äste in einer lauen Brise. Den Wind kann man nicht sehen, aber man kann wahrnehmen, was er in Bewegung setzt. Was ich »höre«, nehme ich über die Augen, nicht über die Ohren wahr.

Ich könnte traurig sein über den Verlust meines Gehörs. Oder mein Schicksal verfluchen. Wenn der Arzt aufmerksamer, skeptischer oder möglicherweise erfahrener gewesen wäre, würde ich heute vermutlich noch hören. Ich wäre nicht taub – und ja, das ist ein Begriff, den man verwenden darf. Genau wie »gehörlos«, das ist der medizinische Name.

Nur das Wort »taubstumm« haben Gehörlose nicht gern, und zwar aus zweierlei Gründen: Zum einen sind einige Gehörlose durchaus in der Lage, sich verbal auszudrücken. Einige erwerben die Fähigkeit zu sprechen – und sind damit nicht stumm. Zum anderen ist die Gebärdensprache eine sehr gute Möglichkeit, sich mitzuteilen. Dass nicht alle Hörenden diese schöne Art der Unterhaltung beherrschen, macht sie vielleicht gebärdenblind – aber uns noch lange nicht stumm. Das bedeutet nämlich wortwörtlich: »das Unvermögen zu sprechen«.

Auch wenn mein Gehör nicht mehr funktioniert, habe ich eine Menge zu sagen. Vielleicht sogar mehr, als wenn der Kinderarzt damals die Entzündung des Hörnervs erkannt hätte und ich heute hören könnte. Alles, was uns im Laufe unseres Lebens widerfährt, Gutes wie Schlechtes, Angenehmes wie Unangenehmes, Geplantes wie Ungeplantes, wirkt auf uns und verändert unser Wesen. Selbst eine vermeintlich harmlose Erkältung kann, wie in meinem Fall, ein ganzes Leben beeinflussen. Wer wäre ich heute, wenn ich hören könnte? Vermutlich ein noch hektischerer Mensch, ein rastloser Workaholic, ein zuweilen unausstehlicher Perfektionist. Ich würde wahrscheinlich seltener hinter die Fassade oder unter die Oberfläche blicken – denn dank meines Handicaps bin ich dazu gezwungen, immer ganz genau hinzusehen.

Wenn ein Sinnesorgan wegfällt, entwickeln sich die anderen umso besser. Ich nehme kleinste Veränderungen in der Mimik meines Gegenübers wahr. Einen Wimpernschlag. Ein Zucken des Mundwinkels. Oder eine leicht beschleunigte Atmung. Ich muss niemanden fragen, ob er schlechte Laune hat, denn ich erkenne es beim ersten Blick ins Gesicht.

Ich sehe mehr als andere. Was ich über die Augen wahrnehmen kann, hilft mir, mich in meinem Alltag zurechtzufinden. Meine Gehörlosigkeit hat mich zu einem hervorragenden Beobachter werden lassen. Es gibt für mich nichts Schöneres, als in einem Café an einer Uferpromenade zu sitzen und dem Treiben zuzusehen. Für mich ist das wie Radio hören: Ich sehe einen Terrier, der an der Leine zieht und kläfft, wobei sich sein kleiner Körper bei jedem Bellen zusammenzieht. Sein Frauchen beachtet ihn nicht, denn ihr Blick ist aufs Handy gerichtet. Ihr Gesichtsausdruck sieht zufrieden aus, vielleicht hat sie gerade eine Nachricht von einem lieben Menschen bekommen. Ihr Hund zieht stärker an der Leine, denn er hat ein Kleinkind in einem Buggy entdeckt, das selbstvergessen an einem Eis leckt. Die Frau sieht vom Handy auf, nimmt eine andere Haltung an. Streng ruft sie ihrem Hund etwas zu, dabei straffen sich ihre Schultern, und es bildet sich eine steile Falte zwischen den Augenbrauen. Die Mutter des Kleinkinds hat offenbar Angst vor Hunden, denn während das etwa zweijährige Mädchen dem Hund seine Eistüte hinhält und ein Tropfen des klebrigen, rosafarbenen Erdbeereises auf seinen Oberkörper kleckst, reißt sie den Buggy herum. Das Kind lässt vor Schreck das Eis los, es fällt auf den Boden. Die Mutter eilt mit dem Buggy davon, das Kind beginnt zu weinen, ich erkenne es an seiner zitternden Unterlippe und den Fäusten, die es ballt. Dem Terrier ist das egal, denn er macht sich glücklich über das am Boden zerfließende Erdbeereis her. Das bemerkt sein Frauchen aber nicht, denn wieder ist sie in ihr Handydisplay versunken ...

Es ist nur eine kurze Szene, aber sie kommt für mich ganz und gar ohne Geräusche aus. Dabei habe ich nicht das Gefühl, dass mir etwas fehlt – ich kenne es ja aber auch nicht anders. Und es bringt nichts, sich über das, was nicht ist, den Kopf zu zerbrechen. Es ist, wie es ist. Meine Gehörlosigkeit gehört zu mir, genau wie meine dunklen Haare, meine Körpergröße oder die kleine Narbe am linken Mundwinkel, die ich mir als Kind eingefangen habe, als ich mal vom Fahrrad fiel und mir den Lenker in die Wange bohrte. Nicht hören zu können hat mich zu dem Menschen gemacht, der ich heute bin: einem Stehaufmännchen, Optimisten und Brückenbauer zwischen der hörenden und der gehörlosen Welt. Mich und mein Schicksal zu bemitleiden war nie eine Option. Wie die meisten Gehörlosen mag ich die stille Welt. Ich finde es schön, dieses Leben, das ich durch die Augen erkunde. Und ich mag die Ruhe, die die stille Welt in mir auslöst.

Ich wurde einmal gefragt: »Wenn du in der Mitte einer Brücke stehen würdest, auf der einen Seite die gehörlose, auf der anderen Seite die hörende Welt, und die Brücke würde in fünf Sekunden explodieren – für welche Seite würdest du dich entscheiden?« Ganz im Ernst? Noch vor der Explosion würde es vermutlich mich in der Luft zerreißen, denn ich wüsste nicht, wie ich mich entscheiden sollte. Ich liebe die Stille – aber ich würde manchmal auch gern wissen, wie es ist zu hören.

Gleichzeitig verdeutlicht die Frage (oder vielmehr: meine Antwort darauf), dass es schwer ist, mich in eine Schublade zu stecken. Einerseits bin ich Gehörloser, andererseits aber auch in der Lage zu sprechen. Ich fühle mich beiden Welten zugehörig und würde auf keine verzichten wollen.

Die Gebärdensprache hat beispielsweise ihre ganz eigene Schönheit. Sie ist klar und prägnant und bietet doch so viel mehr Raum zur Interpretation, als es die gesprochene Sprache vermag. Denn wer mit Gesten redet, drückt damit auch seine Emotionen aus. Ich denke nur an einen Italiener, der mit wütendem Gesichtsausdruck wild mit den Händen herumfuchtelt – oder einen Gastgeber, der die Tür zu seinem Haus öffnet und die Arme weit ausbreitet, um seinen Besucher willkommen zu heißen.

Was uns die Gestik verrät

Unter Gestik versteht man die Gesamtheit der unbewusst oder bewusst eingesetzten Hand- und Armbewegungen, die man in der zwischenmenschlichen Kommunikation benutzt. Sie gehört wie die Mimik zur nonverbalen Kommunikation, ersetzt teilweise Mitteilungen der verbalen Sprache oder unterstreicht diese. Stehen die Gesten im Widerspruch zum Gesagten, kann uns das interessante Einblicke in das Seelenleben unseres Gegenübers geben.

Bewegung	Emotion
Finger an die Nase legen	Konzentration, Bedenken, aber auch: Überlegenheit

gefaltete Hände	Überlegenheit
Stirnrunzeln	Unmut oder Ärger, Tadel
mit den Fingern herumspielen	fehlende Konzentration, Desinteresse, Nervosität
mit den Fingern trommeln	Ungeduld, Nervosität
Hände hinter dem Kopf verschränken	Überlegenheit, dargestellte Souveränität, innere Ruhe
Händereiben	Selbstzufriedenheit, aber auch: Unruhe
am Kopf kratzen	Ratlosigkeit, Unsicherheit
am Kinn reiben	Grübeln, aber auch: Zufriedenheit
Kopf aufstützen	Abgeschlagenheit, Erschöpfung, aber auch: Langeweile
vor der Brust verschränkte Arme	bei Männern: Ablehnung bei Frauen: Unsicherheit
geöffnete Handflächen zeigen	Sicherheit, Souveränität
Handinnenflächen verbergen	etwas verbergen oder nicht sagen
mit dem Finger auf Gegenüber zeigen	Aggressivität
erhobener Zeigefinger	Überheblichkeit

Wer hören kann, ist für die Körpersprache nicht ganz so empfänglich und fühlt sich durch Gebärden, vor allem die, die Gefühle ausdrücken, manchmal verunsichert. Ich bin einmal mit einer ebenfalls gehörlosen Freundin Auto gefahren. Wir unterhielten uns angeregt, auch als wir an einer roten Ampel stehen bleiben mussten. Plötzlich klopfte es an der Beifahrerscheibe. Meine Freundin ließ das Fenster herunter und sah den Mann an, der ins Auto hineinblickte.

»Ist bei Ihnen alles okay?«, wollte er von meiner Freundin wissen.

Sie sah ihn verständnislos an. Zwar konnte sie von seinen Lippen ablesen, was er gesagt hatte – aber sie wusste nicht, was er meinte.

Er interpretierte ihre fehlende Antwort falsch. »Bedroht Ihr Begleiter Sie? Gibt es ein Problem?« Der Mann zeigte auf mich.

Meine Freundin machte erst große Augen, dann fing sie an zu lachen und versuchte ihm anschließend begreiflich zu machen, dass wir beide gehörlos waren und uns nur in Gebärdensprache unterhalten hatten. Dem Mann war das sichtlich peinlich. Glücklicherweise wurde er durch das Umschalten der Ampel auf Grün und das Hupen hinter uns aus der unangenehmen Lage befreit.

Ich habe den Eindruck, dass sich besonders in Deutschland die Menschen mit der Gebärdensprache schwertun, da man hier allzu ausufernde Gesten nicht unbedingt mag. Die Deutschen gelten als präzise, leicht unterkühlte Vernunftmenschen, die nicht lange um den heißen Brei reden, sondern schnell auf den Punkt kommen. Witzigerweise ist das bei der Gebärdensprache nicht anders – nur die Artikulation ist eine andere.

Hörende sprechen mit dem Mund und hören mit den Ohren. Gehörlose sprechen mit den Händen und hören mit den Augen.

So bin ich beispielsweise als einer der wenigen Gehörlosen in der Lage, von den Lippen abzulesen. Etwa dreißig bis sechzig Prozent des Gesagten kann ich deswegen verstehen – wenn mein Gegenüber nuschelt oder den Mund voll hat, auch weniger. Auch das Sprechtempo spielt eine große Rolle: Je langsamer man redet, je klarer man sich artikuliert, desto mehr erfasse ich. Den Rest muss ich erraten oder aus dem Zusammenhang erschließen. Das birgt einiges Potenzial für Missverständnisse, denn manchmal kriege ich nur ein Wort nicht mit – aber es ist das entscheidende, das dem Satz eine vollkommen andere Bedeutung verleiht. Wenn ich etwas falsch verstehe oder fehlinterpretiere, verunsichert mich das. Ich fühle mich hilflos, in etwa so, wie sich Hörende in einem Land fühlen, in dem sie die Sprache nur rudimentär beherrschen. Die ganzen Feinheiten, aber auch die Botschaften zwischen den Zeilen können verlorengehen. Ich verstehe die groben Zusammenhänge, weiß, worum es in etwa geht – aber gerade, wenn ich jemanden noch nicht gut kenne, brauche ich etwas Zeit, um sein individuelles Sprechtempo, seinen Ausdruck und die Art und Weise, wie er die Lippen bewegt, kennenzulernen. Denn selbst ein und dasselbe Wort kann aus verschiedenen Mündern kommend ganz anders aussehen. Manche bewegen die Lippen fast gar nicht. Andere setzen die Zunge ein oder lispeln sogar. Einige sprechen extrem akzentuiert, wenn sie sich mit mir unterhalten. Ich sage manchmal im

Spaß: Lippenstift ist für mich wie ein Megafon für Hörende. Der Mund ist klarer zu erkennen und damit leichter zu lesen.

Nun möchte ich mein Umfeld aber nicht dazu auffordern, andauernd mit knallbunten Lippen herumzulaufen. Besonders bei meinen männlichen Freunden könnte das zu Irritationen führen. Es hilft jedoch sehr, wenn das Gesicht meines Gegenübers gut beleuchtet ist, denn im Dunkeln kann ich, genau wie alle anderen auch, nicht sehen – und damit nicht verstehen, was man zu mir sagt. Als ich im letzten Sommer im Urlaub war und an einem großen Tisch auf der Terrasse unter dem italienischen Nachthimmel saß, musste ich jeden der Anwesenden darum bitten, sich eine Lichtquelle vor das Gesicht zu halten. Und zwar nicht, weil wir uns Gruselgeschichten erzählt haben, sondern nur, damit ihre Münder beleuchtet wurden. Das kann dann ein Handy, eine Taschenlampe oder eine Kerze sein, Hauptsache, das Gesicht ist so beleuchtet, dass kein Schatten darauf fällt – ansonsten bin ich aufgeschmissen.

Doch auch mit diesen Hilfsmitteln sind große Tischgesellschaften für Gehörlose ein Problem. Ich muss höllisch aufpassen, wenn das Gespräch nicht an mir vorbeigehen soll, und mir Mühe geben, am Ball zu bleiben. Wie ein Sportkommentator lasse ich das Geschehen, in einem solchen Fall: den Wortwechsel und die Sprechenden, nicht aus den Augen. Mein Kopf fliegt von rechts nach links und wieder zurück, als würde ich einem Ball beim Fußball folgen, der einmal quer über das Spielfeld gekickt wird. Manchmal dribbelt einer der Teilnehmer, ein anderer wagt den Weitschuss. Es gibt Blutgrätschen und zackige Passspiele, und dann und wann geht der Ball auch ins Aus. Richtig schwierig wird es, wenn plötzlich mehrere Bälle im Spiel sind, also wenn es nicht mehr nur ein Gesprächsthema am Tisch gibt. Das ist der Moment, wo ich zuweilen kapituliere, denn ich kann keine vier Münder gleichzeitig beobachten.

Wenn Leute in einer großen Gruppe miteinander reden und ein Gehörloser ist dabei, sollte man die gehörlose Person immer anschauen, wenn man über sie redet. Sonst bekommt sie nicht mit, was über sie gesagt wird und kann nicht mitreden, nicht widersprechen, keine eigenen Ideen einbringen. So kommt es schnell zu Missverständnissen, die keinem guttun.

Auch ist es nicht einfach, als Gehörloser in ein bereits bestehendes Gespräch hineinzukommen. Jede Unterhaltung hat ihre eigene Dynamik. Manchmal quasseln alle durcheinander. Manchmal hören sich zwei Leute aufmerksam zu. Manchmal geht es um Dinge, die nicht für meine Augen bestimmt sind, und im Gegensatz zu Hörenden kann ich das nicht sofort am Tonfall erkennen, sondern brauche einige Sekunden länger, denn ich muss in den Gesichtern nach einer Emotion suchen. Das ist dann keine Unhöflichkeit meinerseits, sondern einfach dem Umstand geschuldet, dass ich erst einmal nicht weiß, was das Thema ist. Sehr hilfreich ist es, wenn man mir kurz erklärt, worüber gesprochen wird. Dann weiß ich sofort, ob meine Anwesenheit erwünscht ist oder ob ich mir besser die Augen zuhalte. Toll ist, wenn man mir detailliert erklärt, worum es geht. Denn ein allgemeines »Wir sprechen gerade über

Sport« hilft mir leider nicht sonderlich, dann kann ich nicht teilhaben und fühle mich ausgeschlossen.

Es passiert nicht selten, dass ich die Lippen meines Gegenübers ablese und eines der Wörter, die er verwendet, nicht verstehe. Das ist kein Zeichen meiner Blödheit, sondern schlicht und ergreifend dem Umstand geschuldet, dass sich nur etwa 15 Prozent der Wörter im Deutschen eindeutig von den Lippen ablesen lassen. Akustisch ist der Unterschied zwischen »Reifen« und »greifen« leicht zu verstehen, aber der Mundbildablauf (so kompliziert nennt sich die passende Lippenbewegung zum Wort) ist beinahe identisch. Auch »Wort«, »Ort« und »fort« sehen ziemlich ähnlich aus. Bei »Mutter« und »Butter« komme ich manchmal ins Schwimmen. Nur aus dem Kontext gelingt es mir dann, das richtige Wort zu erraten – das kann zu einem richtigen Puzzlespiel werden! Und manchmal, wenn es richtig blöd läuft, hilft mir auch der Kontext nicht mehr. Dann verstehe ich ganze Sätze nicht und muss mehrfach nachfragen, was gemeint ist.

Wenn ich nachfrage, ist es übrigens immer gut, das Wort oder den Satz mit derselben Lippenbewegung zu wiederholen. Den meisten Menschen fällt das sehr schwer, denn aus dem Umgang mit zum Beispiel Nicht-Muttersprachlern sind wir eine andere Technik gewohnt: den Satz oder das Wort umzuformulieren, in der Hoffnung, dass der andere die leichteren Wörter kennt. Für mich ist das immer total blöd, denn ich bin ja kein Trottel. Ich habe vielleicht einfach das eine Wort nicht verstanden – es noch einmal zu wiederholen, hilft da am meisten. Vollkommen unproduktiv sind nichtssagende Nebensätze, ewige Wiederholungen, Füll- oder komplizierte Fremdwörter. Letztere nicht, weil ich sie nicht kenne – sondern weil sie sauschwer von den Lippen abzulesen sind. Um es kurz zu machen: Klartext wird von mir am besten verstanden.

Eine besondere Herausforderung stellen Bärte da, denn die verbergen manchmal die Mundpartie. Auch Zigaretten im Mundwinkel sind ein Problem, aber Rauchen ist ja sowieso ungesund. Und schnelles Reden geht nur, wenn ich die Person gut kenne. Ich brauche in der Regel zwei Tage, bis ich mich an die individuelle Lippenbewegung einer Person gewöhnt habe und sie verstehe.

Einen riesigen Vorteil habe ich natürlich, weil ich Lippenlesen kann: Ich kann es auch dort tun, wo Hörende aufgeschmissen sind. Vor ein paar Jahren spielte ich in einem *Tatort* eine Hauptrolle. Ins Drehbuch wurde extra für den gehörlosen Protagonisten eine Szene geschrieben, die ich anschließend spielen durfte: Ein Mann sitzt in einem Auto und gesteht einem Freund am Telefon, dass er eine Frau umgebracht hat. Er wird dabei von einem Gehörlosen beobachtet, der durch die Windschutzscheibe die Bewegungen der Lippen ablesen kann. Leider entscheidet der sich im weiteren Verlauf der Handlung, den Mörder zu erpressen, anstatt zur Polizei zu gehen – doch die Gebärdensprache ist in das Drehbuch wirklich sehr gut eingebaut und mehr als bloß »Dekoration«.

Vor ein paar Monaten erlebte ich eine ähnliche Situation am Flughafen von Hamburg. Ich stand in der Schlange zur Sicherheitskontrolle an und wartete darauf, durch den Körperscanner zu gehen. Auf der anderen Seite befand sich eine Frau vom Sicherheitspersonal, die mich erkannte. Durch die Fernsehshow *Let's dance* war ich innerhalb kürzester Zeit zu einiger Bekanntheit gekommen. Ich sah, dass die Sicherheitsbeamtin ihrem Kollegen etwas zuraunte: »Du, den da vorn will ich abtasten. Das ist der Typ aus *Let's dance*. Toller Körper!«

Ich schmunzelte in mich hinein und freute mich über das Kompliment. Als ich dann dran war, denn natürlich wurde ich rausgewinkt und zum Abtasten gebeten, grinste ich die Frau an, die keine Ahnung hatte, dass ich ihren Satz verstanden hatte, und sagte: »Toller Körper, ja? Danke für die Blumen.«

Sie starrte mich verdutzt an, dann fing sie an zu lachen und hob entschuldigend die Schultern.

Vielleicht ist der ein oder andere Leser gerade stutzig geworden. Wie, der Piwko kann reden? Wie soll das gehen? Ganz einfach: Ich habe es gelernt.

Lippenlesen ist meine Muttersprache, aber das verbale Sprechen habe ich ebenfalls gelernt. Es hat, das kann ich verraten, Jahre gedauert und war verdammt anstrengend, doch immerhin bin ich heute in der Lage, eine normale Unterhaltung zu führen, selbst wenn ich keinen Ton höre – weder meine eigenen noch die der anderen. Natürlich spreche ich nicht so artikuliert wie Hörende, auch meine Stimme ist nicht so laut wie die anderer Menschen. Aber ich kann mir Gehör verschaffen und sprechen. Das ist wichtig in einer Welt, die sich vor allem durch das definiert, was Menschen zu *sagen* haben.

So toll ich es finde, reden zu können, so schwer zu ertragen sind manchmal die Probleme, die damit einhergehen. Denn eben weil ich in der Lage bin, mich akustisch auszudrücken, vergessen Hörende binnen kürzester Zeit, dass ich nicht hören kann. Sie drehen den Kopf weg, während sie reden, wenden sich einer anderen Person zu, sprechen über die Schulter oder versuchen, mich zu rufen. Das ist sinnlos, denn wenn ich schon eine Bohrmaschine nicht hören kann, kommt mein Name, sogar gebrüllt, natürlich nicht bei mir an.

Wer mit einem Menschen mit Behinderung zusammenlebt, weiß, dass man auch bei ganz alltäglichen Dingen und Situationen kreativ werden muss. Bei Gehörlosen oder Schwerhörigen ist es zum Beispiel immer gut, Blickkontakt herzustellen oder den anderen kurz zu berühren, bevor man anfängt zu sprechen.

Wenn ich im Raum bin und aufschauen soll, hilft es, das Licht einmal kurz an- und auszuknipsen. Aber es ist auch ausreichend, einmal beherzt mit den Armen zu wedeln. Ich fasse das nicht als Unhöflichkeit auf, sondern einfach als Signal, dass mein Typ verlangt wird.

Augenkontakt ist das A und O – übrigens nicht nur in der Kommunikation mit Gehörlosen, aber da natürlich besonders. Wenn ich denke, der Satz meines Gegenübers ist vorbei, und mich abwende, ist es keine gute Idee, einfach weiterzureden. Ich muss sehen, um zu hören! Meine Augen sind mein wichtigstes Mittel der Kommunikation. Bin ich abgelenkt oder wende mich ab, muss erst einmal wieder der Blickkontakt hergestellt werden.

Für mich ist es außerdem nicht leicht zu erkennen, ob mein Gegenüber mich verstanden hat – denn allzu oft signalisieren Hörende weder Verstehen noch Nichtverstehen. Zuhören kann rein passiv vonstattengehen, man braucht dafür nichts anderes als zwei gesunde Ohren. Für mich bedeutet das, dass ich mich manchmal wiederhole, und zwar so oft, bis eine Reaktion kommt. Ganz blöd ist es für mich, wenn die Person, mit der ich mich unterhalte, noch drei andere Sachen zur selben Zeit macht: aufs Handy schauen, in der Tasche kramen, sich eine Zigarette anzünden. Dann sende ich ins Nirwana, in der Hoffnung, gehört zu werden, und das fühlt sich nicht unbedingt gut an.

Mir fällt oft auf, dass Hörende einfach weiterreden, egal ob ihnen zugehört wird oder nicht. Sie gehen automatisch davon aus, dass man ihren Worten lauscht. Dabei kümmern sie sich nicht besonders darum, ob ihr Gesprächspartner noch voll bei der Sache oder schon längst mit den Gedanken woanders ist. Das hat natürlich mit einer anatomischen Besonderheit zu tun: Im Gegensatz zu Augen, die man abwenden oder niederschlagen kann, ist es unmöglich, die Ohren zu verschließen, es sei denn, man hält sie sich mit den Händen zu. Hörende sind also nicht darauf angewiesen, dass andere sich ihnen bewusst zuwenden, um sie zu verstehen – deswegen quasseln sie, auch wenn der andere keine Aufmerksamkeit signalisiert.

Das finde ich schade – denn was bringt eine Unterhaltung, wenn einer nur sendet und der andere auf Durchzug stellt? Im schlimmsten Fall wiederholt sich der Sprechende dann hundert Mal, um seinen ungehörten Worten noch mehr Ausdruck zu verleihen. Oder wird einfach lauter. Auf jeden Fall hört er selbst nicht mehr zu, denn: Während man redet, kann man nicht zuhören. Und spätestens damit ist die Unterhaltung beendet. Keiner hört mehr zu, dabei haben alle die anatomische Fähigkeit. Doof, oder?

Wie wäre es stattdessen mit einer kurzen Berührung am Oberarm, um den anderen wieder ins Gespräch zurückzuholen? Oder der Frage: »Hörst du mir noch zu?« beziehungsweise »Schaust du mir noch zu?« bei Gehörlosen. Oder der Einsicht, dass das, was man zu sagen hat, für den anderen vielleicht doch nicht so interessant ist wie für einen selbst? Doch dafür muss man schon ein ordentliches Maß an Reflexion und Selbstkritik mitbringen – zwei Eigenschaften, die man leider nicht voraussetzen kann.

Eine hörende Bekannte von mir erzählte mir kürzlich von ihrer Mutter, die ihr immerzu Fragen stelle, dann aber mitten in der Antwort den Raum verlasse oder sich einem anderen Gesprächspartner zuwende. Meine Bekannte empfindet dieses Verhalten als extrem unhöflich. Sicher ist es nicht böse gemeint und hat vielmehr mit der Aufmerksamkeitsspanne zu tun, die bei manchen Menschen eben nicht besonders groß ist. Möglicherweise ist das Gedächtnis der Mutter aber auch nicht so gut und resettet sich alle drei Sekunden neu – wie bei Fliegen, die immer wieder gegen die Scheiben knallen, obwohl sie doch eigentlich schon kapiert haben sollten, dass sie auf diesem Weg nicht ins Freie gelangen. Na gut, das war ein bisschen gemein. Aber ganz im Ernst: Warum hören sich die Menschen eigentlich so wenig zu? Sie sollten sich freuen, dass sie zwei funktionierende

Ohren haben, mit Trommelfell, Gehörgang, intaktem Nerv und allem Drum und Dran. Warum diese Ohren nicht benutzen? Und zwar zum Hören, und nicht nur, um Ohrringe dranzuhängen, Haare dahinter zu streichen oder Brillenbügel darauf abzulegen.

Für mich, der ich mir jede Silbe erschließen muss, der um jedes Wort kämpft, das er von den Lippen abliest, ist das manchmal nicht nachvollziehbar. Ich spüre sofort, wenn sich ein Gesprächspartner nicht mehr aktiv an der Unterhaltung beteiligt. Denn weil mir die akustische Ebene fehlt, muss ich den gesamten Körper lesen, wenn ich mein Gegenüber verstehen will. Körperhaltung und Gestik, aber auch Ausstrahlung und Aura sind für mich ebenso aussagekräftig wie jedes einzelne gesprochene Wort – nicht umsonst heißt es: Ein Bild sagt mehr als tausend Worte. Meine Sprache setzt sich aus vielen einzelnen Elementen zusammen – dafür brauche ich keinen Tonfall. Wenn zum Beispiel jemand sagt: »Mir geht es super«, aber dabei die Schultern hängenlässt, weiß ich, die Aussage stimmt nicht. Auch bin ich in der Lage, selbst mikroskopisch kleine Veränderungen in der Mimik zu registrieren – eine Augenbraue, die sich unmerklich hebt, ein Mundwinkel, der zuckt, Augen, die von links nach rechts wandern. Auch die Atmung registriere ich. Ist sie hektisch und flach oder tief und entspannt? Jede Kleinigkeit sagt mir etwas, und zusammen mit dem, was ich von den Lippen ablesen kann, ergibt sich ein Gesamtbild, das ich deute.

Was uns die Mimik verrät

Als Mimik bezeichnet man die sichtbaren Bewegungen der Gesichtsoberfläche. Besonders Augen, Augenbrauen und Mundpartie verraten viel über die wahren Gefühle des Gesprächspartners – und zwar ohne dass unser Gegenüber seine Gesichtsregungen bewusst steuern kann. In den meisten Fällen entsteht durch das Zusammenspiel der einzelnen mimischen Facetten ein Gesamteindruck, der von jedem Einzelnen sehr subjektiv wahrgenommen wird. Dennoch gibt es einige Bewegungen, die Aufschluss über die wahren Gefühle unseres Gegenübers geben.

Bewegung	Emotion
Neigen des Kopfes zur Seite	Unbehagen
Senken des Kopfes	Schüchternheit oder Nervosität, Hilflosigkeit, Trauer, Verzweiflung
Stirnrunzeln	Unmut oder Ärger, Tadel
gehobene Augenbrauen	Stress oder Unruhe
kurzes Anheben der Augenbrauen	Freude, Erstaunen, auch: Ironie
gesenkter Blick oder Abbruch des Blickkontakts	Desinteresse oder Verlegenheit
häufiges Blinzeln	Unsicherheit, eventuell Unehrlichkeit
Lachfalten um die Augen	echte Freude oder Begeisterung
Nase rümpfen oder Nasenlöcher blähen	Ekel

Lippen verziehen (z.B. Grimasse) oder Zucken des Mundwinkels	Sorge oder Angst, Sprachlosigkeit
Unterlippe vorschieben und Augen verdrehen	Ungläubigkeit oder Skepsis
einseitiges Lächeln oder nur einen Mundwinkel heben	Zynismus oder Spott, Ablehnung
zusammengepresste Lippen	Unzufriedenheit oder Verbitterung, Verzweiflung über eine Situation

Das wichtigste Werkzeug neben meinen Augen und meinen Händen ist in der Kommunikation deshalb meine Intuition. Ich fühle, wenn sich jemand nähert, und spüre die für Hörende manchmal unmerklichen Vibrationen, wenn sich die Stimmung im Raum verändert. Mein Bauchgefühl hilft mir, auch die Dinge wahrzunehmen, die ich nicht hören kann: Unzufriedenheit, Ironie oder Wohlbehagen. Wer nicht hören kann, muss fühlen und entwickelt meist sehr feine Antennen für seine Umwelt. Ich höre keinen Tonfall, vernehme keine Lautstärkenunterschiede in der Stimme. Natürlich sehe ich, ob ein Satz geflüstert oder geschrien wird – den geflüsterten verstehe ich sogar besser, weil man automatisch klarer artikuliert, wenn man ohne Stimme spricht. Beim Schreien hingegen verziehen die Menschen den Mund so unnatürlich, dass es mir oft schwerfällt, die Botschaft zu entschlüsseln.

Muss man auf einen Sinn verzichten, werden die anderen zur Verfügung stehenden Sinne geschärft. In einem

Dunkelrestaurant zum Beispiel haben Menschen zuweilen außergewöhnliche Geschmackserlebnisse – sie verlassen sich nur auf den Geruchssinn, der gleichzeitig die Wahrnehmung des Geschmacks verstärkt. Auch Weinproben im Dunkeln lassen mit einem Mal Aromen auf der Zunge auftauchen, die man nicht geschmeckt hat, solange man in die tiefrote Farbe eines Burgunders versunken war. Und jeder, der mal eine richtig fette Erkältung hatte und wochenlang nicht wirklich schmecken konnte, weiß, wie wichtig die Optik des Essens mit einem Mal wird. Das ist der Grund, warum ein Blinder mehr »zwischen den Zeilen« hört als ein Sehender. Und ein Tauber mehr sieht als ein Hörender.

Gehörlose Menschen haben, eben weil ihnen ein Sinn fehlt, oft ein sehr gut ausgeprägtes Bauchgefühl. Da sie in der »lauten« Welt immerzu dazu aufgefordert sind, visuelle Zeichen zu entschlüsseln, sich Zusammenhänge zu erschließen und etwaige »Lücken« in der Kommunikation durch eigene kreative Gedanken zu ergänzen, entwickeln sie sich oft zu regelrechten Spezialisten im Bereich der Intuition. Darunter versteht man auch Eingebungen, aber von denen spreche ich hier nicht, denn taub sein heißt nicht, dass man in die Zukunft blicken kann. Ich meine das »unmittelbare Erkennen oder Erfassen« eines Sachverhalts, einer Situation oder Vorgangs.

Wenn ich auf Menschen treffe, öffne ich alle meine Sinne und lasse mein Gegenüber voll auf mich wirken. Sein Aussehen, seine Körperhaltung, seine Mimik, seine Gestik – und vor allem das Gefühl, das er in mir auslöst. Ist es ein positives? Fühle ich mich wohl in seiner Nähe? Oder habe ich den

Eindruck, dass hinter dem Sichtbaren eine andere Botschaft wartet? Oft befrage ich in Krisen oder Unsicherheiten meinen Bauch: Was sagt er mir? Was verrät mir mein Gefühl?

Ich liege mit meiner Intuition fast immer richtig. Und ich würde mir wünschen, dass Menschen viel häufiger ihren Bauch und ihr Herz befragen würden als ihren Verstand. Logik ist ein hilfreiches Mittel, um Lösungen für Probleme zu finden oder Situationen zu analysieren. Aber im zwischenmenschlichen Kontakt kommt es auf das Herz an – wir sind ja Menschen, keine Vulkanier. Eine Welt, in der wir immer die Ratio vorschicken, wird leblos und kalt. Es wird höchste Zeit, dass wir gemeinsam daran arbeiten, die Temperatur in der Kommunikation zu erhöhen. Das tun wir am besten, wenn wir uns öffnen und unserem Gegenüber bewusst zuwenden, anstatt im Vorbeigehen seine Worte aufzuschnappen. Man hört nicht nur mit den Ohren, man hört mit allen Sinnen – und am besten mit dem Herzen.

Tipps für eine bessere Kommunikation

- Bevor du ein Gespräch beginnst, sichere dir die Aufmerksamkeit deines Gegenübers, indem du ihm oder ihr offen ins Gesicht siehst und **Blickkontakt** herstellst.

- Lies **Körpersprache** und **Gestik** deines Gesprächspartners. Wendet er sich dir zu? Dreht er sich von dir weg? Zieht er die Schultern hoch? Oder hat er die Arme vor der Brust verschränkt? Wie interpretierst du die Körpersprache? Was verrät sie dir?

- Beobachte die **Mimik** des anderen. Wandern die Augenbrauen manchmal nach oben? Legt er die Stirn in Falten? Erreicht sein Lächeln die Augen, oder findet es nur um die Mundpartie herum statt? Was verraten dir die Gesichtsausdrücke? Unterstreichen sie die verbalen Aussagen oder erzählen sie etwas anderes?

- Nimm die **Stimmung** wahr: Ist sie gelöst und entspannt? Oder gereizt und angespannt? Welche Atmosphäre herrscht, während ihr euch unterhaltet?

- Versichere dich dessen, dass du **verstanden** wirst, und frag nach, falls du dir nicht sicher bist: *Hörst du mir zu? Konntest du mir folgen? Drücke ich mich klar aus?*

Hören

Wo ein Wille ist, ist auch ein Weg

Als ich zwei Jahre alt war, fuhr meine Mutter mit mir in die Schweiz und brachte mich an die renommierte Privatschule der weltweit bekannten Audiopädagogin Susann Schmid-Giovannini. Bis zu diesem Zeitpunkt hatte ich mich rein körperlich vollkommen normal entwickelt. Was viele nicht wissen: Auch gehörlose Babys brabbeln in den ersten Monaten ihres Lebens und klingen damit genauso wie hörende. Sie werden erst mit der Zeit stiller, da sie nicht über Hör- und Spracherfahrungen verfügen wie Kinder, die hören können.

Bis ein Kind etwa zwei Jahre alt wird, beherrscht es in der Regel einen Wortschatz von rund zweihundert Wörtern. Ab dem zweiten Lebensjahr fangen Kinder mit Zwei- oder Dreiwortsätzen an. Das war bei mir natürlich anders, denn ich sprach mit zwei Jahren nicht. Genau deswegen brachte mich meine Mutter in die Schweiz.

Es gab einen sogenannten Sonderkindergarten, in dem hörende und gehörlose Kinder gemeinsam spielten und lernten. In den kam ich allerdings nicht, denn ich erhielt als einer von nur drei Schülern Einzelunterricht. Nur die intelligentesten Kinder wurden von ihr allein unterrichtet. Ausgewählt wurde ich mithilfe eines Intelligenztests. Die Tests fanden in einem Zeitraum von zwei Wochen statt und waren sehr anstrengend. Für den Einzelunterricht war es Voraussetzung, ein bestimmtes Alter erreicht zu haben – bei den meisten war das 7 oder 8. Ich wurde jedoch schon im Alter von zwei Jahren unterrichtet.

Meine Lehrerin, die Leiterin des Kindergartens und Gründerin des Internationalen Beratungszentrums für Eltern hörgeschädigter Kinder, war eine sehr strenge Frau mit einer großen Mission. Sie wollte gehörlose Kinder, die bis weit in die Mitte des zwanzigsten Jahrhunderts mehr oder weniger aus der Gesellschaft ausgeschlossen worden waren, besser integrieren. Die Gebärdensprache ist für Schmid-Giovannini nur eine Krücke, ein Hilfsmittel, aber kein besonders gutes. Denn nur die wenigsten Hörenden sind in der Lage, Gebärden zu verstehen oder sich mit ihrer Hilfe auszudrücken. Also entwickelte sie eine Methode, die ihr ermöglichte, auch tauben Kindern die verbale Sprache beizubringen, um ein voll integrierter Bestandteil der Gesellschaft zu werden.

Ich bin mir sicher, meine Lehrerin meinte es nur gut – zweifelsohne hat sie die »stille« Welt sehr verändert, doch ihre Methoden sind umstritten. Ich weiß auch, dass meine Mutter ausschließlich das Beste für mich wollte. Und auch wenn ich mich nicht an alles erinnern kann – ich war ja noch sehr klein –, waren die vier Jahre in der Schweiz, das muss ich leider so sagen, eine schlimme Zeit.

Täglich wurde ich fünf bis sechs Stunden unterrichtet. Der Unterricht erfolgte in Einzelstunden und wurde oft von einigen Experten beobachtet, die die Methode analysierten und meine Lernerfolge aufzeichneten. Die Lehrerin brachte mir das Sprechen bei, während sie mich ihre Mundbewegungen beobachten und nachahmen ließ. Darüber hinaus lernte ich die unterschiedlichen Vibrationen der einzelnen Vokale und Wörter kennen, indem ich eine Hand auf ihren und die andere auf meinen Kehlkopf legte und so lange einen Vokal oder ein Wort nachahmte, bis ich es richtig machte. Ein A vibriert anders als ein O, das Wort »Brot« schwingt im Kehlkopf anders als »Sonne«. Um diesen Unterschied zu spüren, muss man allein diese beiden Wörter mehr als hundertmal üben.

Dass sie dabei nicht unbedingt sanft vorging, hat den Unterricht für mich zu einer wahren Tortur werden lassen. Ich weiß nicht, wie oft ich den Satz »Wir wollen Kirschen pflücken« wiederholen musste, während sie wahlweise meine Hand auf ihren oder meinen Kehlkopf drückte oder mir den Finger in den Mund steckte, um meine Zungenbewegung zu überprüfen. Ich habe alte Videoaufnahmen von den Lehrstunden, und wenn ich sie mir heute ansehe, erschaudere ich richtiggehend. Da sitzt der kleine Benjamin mit gerade mal zwei Jahren in seiner Latzhose und dem geringelten Shirt am Tisch, und eine schlanke Frau mit Kurzhaarfrisur drückt seinen Kopf von links nach rechts, hält ihm die Finger unter die Nase oder packt ihn am Kinn und reißt ihm den Mund auf. Ich weinte oft – nur nicht während des Unterrichts, denn das hätte meine Lehrerin erbost. Diese Erfahrung hat mich sehr geprägt. Bis heute neige ich zu Perfektionismus und reagiere manchmal zu impulsiv und ungeduldig. Mir fehlt einfach die Gelassenheit – oft auch mir selbst gegenüber.

Ich riss mich im Unterricht zusammen, so gut es ging. Obwohl ich vollkommen verängstigt war, gab ich immer mein Bestes, selbst wenn ich teilweise so blockiert war, dass mir kaum ein Laut über die Lippen kam. Wenn ich etwas falsch aussprach oder nicht schnell genug verstand, wurde meine Lehrerin ungehalten. Ich erinnere mich an regelrechte Standpauken

Aus heutiger Sicht bin ich zwar sehr dankbar, dass ich in der Lage bin, mich als einer der wenigen Gehörlosen verbal auszudrücken, hoffe jedoch, dass Unterrichtsmethoden, wie ich sie erlebt habe, nie mehr zum Einsatz kommen. Kinder sollten nicht befürchten müssen, dass ihnen mit der flachen Hand gegen das Kinn geklopft wird, wenn sie einen Laut nicht richtig bilden. In Deutschland ist die Körperstrafe oder körperliche Züchtigung durch Lehrer seit den Siebzigerjahren gesetzlich verboten. Bis dahin waren Kopfnüsse, Ohrfeigen oder Schläge mit Lineal und Rohrstock auf die Handflächen des Schülers an der Tagesordnung. Auch in der Ecke stehen oder knien war eine beliebte Bestrafung für aufmüpfige Kinder. Wie überhaupt jemals ein Erwachsener denken konnte, dass körperliche oder seelische Schmerzen und Züchtigung etwas anderes als nackte Panik oder Angst bei Schutzbefohlenen auslösen können, ist mir bis heute ein Rätsel. Aus meiner eigenen Erfahrung als Kampfsporttrainer weiß ich, dass es nur einen Schlüssel zum Erfolg gibt: positive Bestärkung. Ein Kind, das sich selbstsicher und zuversichtlich fühlt, kann physisch und psychisch viel mehr leisten als eines, dem die Furcht ins Gesicht geschrieben steht.

Obwohl ich auf eine unbeschwerte Kindheit verzichten musste und die Zeit in der Schweiz für mich alles andere als einfach war, möchte ich die Erfahrungen, auch wenn sie nicht nur positiv waren, nicht zur Entschuldigung für irgendwas nehmen. Immerhin bin ich in der Lage zu sprechen und gerade durch die harten vier Jahre ein solches Stehaufmännchen geworden. Es würde mir nicht entsprechen, mich auf meiner harten Kindheit auszuruhen.

Stattdessen glaube ich, dass jede Erfahrung uns zu dem macht, der wir sind. Auch schlimme Schicksalsschläge können überwunden werden – und uns im besten Fall sogar stärker machen. Wem es gelingt, eine vermeintliche Schwäche in eine Stärke umzuwandeln, der hat gewonnen. Ich sage manchmal: Ein gutes Steak wird oft geklopft, damit das Fleisch weicher wird. Gerade bei negativen Erlebnissen ist es wichtig loszulassen und weiterzugehen. Irren ist menschlich, und Menschen machen Fehler. Nicht nur andere, auch du. Also sei geduldig, mit dir und mit anderen, und verzeih, wenn dir Schlechtes widerfahren ist.

Auch ich musste Vergebung lernen – mir und anderen gegenüber. Das geht nicht von einem Tag auf den anderen, sondern erfordert Geduld. Und von der kann es auf der Welt gar nicht genug geben.

Es kann sehr anstrengend sein, sich mit einem Hörenden zu unterhalten, wenn dieser nicht ein bisschen Bereitschaft zeigt, sich auf das Gespräch mit mir einzulassen. Man kann das mit Erfahrungen in einer Fremdsprache vergleichen. Angenommen, man hat gerade angefangen Französisch zu lernen und fährt nach Paris. Dort bestellt man im Bistro ein Glas Rotwein und ein Baguette, und der Kellner überfällt einen mit tausend Nachfragen, die nicht nur unzählige Wörter enthalten, die man noch nie gehört hat, sondern dazu auch noch so schnell vorgetragen werden, dass einem schwindelig wird. Macht das Spaß? Nein! Wird man weiter Französisch lernen? Vielleicht. Aber es gibt auch viele, die sich irgendwann völlig gefrustet abwenden und zukünftig nur noch auf die Begriffe auf der Speisekarte tippen, wenn sie in einem fremden Land etwas bestellen wollen. Vermutlich gibt es aus diesem Grund so viele bebilderte Menükarten im Ausland, was übrigens einen positiven Nebeneffekt hat: Diese Karten sind auch für Gehörlose sehr hilfreich.

Kommunikation ist der Anfang von allem. Indem wir miteinander in Kontakt treten und uns austauschen, erwerben wir Wissen, machen wir Erfahrungen, steigern unser Verständnis füreinander und schulen unsere Empathie. Das Wort hat seinen Ursprung im Lateinischen und bedeutet *teilen, mitteilen, teilnehmen lassen, gemeinsam machen, vereinigen*. Und genau darum geht es doch! Wir leben in einem sozialen System, als Individuen in einer Gemeinschaft. Erst indem wir interagieren, können wir teilhaben und etwas Gemeinsames entstehen lassen.

1001 Wege der Kommunikation

Kommunikation ist viel mehr als nur das, was man mit Worten ausdrücken kann. Die folgende Grafik gibt einen Überblick über alle zur Verfügung stehenden Möglichkeiten, wie Menschen miteinander kommunizieren können – bewusst und unbewusst. Studien haben übrigens gezeigt, dass circa 60 bis 90 Prozent der Kommunikation nonverbal ist. Also wirklich sehr viel mehr als nur Worte.

nonverbale Kommunikation	Position im Raum Körperhaltung Blicke Gestik Mimik
nonverbale stimmliche Kommunikation	Intonation Sprechtempo Sprechmelodie
verbale Kommunikation	Wörter

1987 kehrten meine Mutter und ich zurück nach Hamburg. Ich war mittlerweile nicht nur in der Lage, Lippen zu lesen, sondern konnte auch sprechen. Deswegen durfte ich auch auf eine Schule für Schwerhörige gehen. An dieser Stelle möchte ich anmerken, dass Hörbehinderung nicht gleich Hörbehinderung ist. Unter Schwerhörigkeit versteht man einen mittleren Hörverlust (bei circa 50 Dezibel), während man Gehörlos oder taub ist, wenn der Hörverlust mehr als 120 Dezibel beträgt. Für meine Mutter also war die Schule für Schwerhörige ein großer Erfolg, denn sie wollte, dass ich ein möglichst normales Leben führe und nicht von der Gesellschaft ausgegrenzt werde. Das klappte aber nur bedingt. Da meine verbale Ausdrucksfähigkeit zwar gut ist, ich aber nicht wie ein hörender Sprecher klinge, dachten viele Gleichaltrige, ich sei ein bisschen einfach gestrickt. Sie verstanden mich eben nicht. Wenn ich mit anderen Jungs Fußball spielen wollte, ließen sie mich manchmal nicht mitmachen. »Der schnallt ja eh nichts!«, sagten sie. Irgendwann sagte ich ihnen: »Ich bin Türke.« Das kapierten sie dann und ließen mich fortan mitspielen.

Auf meinem Weg zur Schule für Schwerhörige fuhr ich mit dem Bus immer an der Gehörlosenschule in Hamburg-Hammerbrook vorbei. Wenn ich aus dem Busfenster auf den Schulhof blickte, sah ich dort Kinder stehen, die irgendwie herumzappelten und mit den Armen gestikulierten, als hätten sie einen Stromschlag erlitten. Ich ging damals, mit gerade mal acht Jahren, davon aus, dass es sich um geistig Behinderte handelte – denn mit Gebärdensprache hatte ich zu diesem Zeitpunkt noch nichts am Hut.

Als ich vierzehn war, bekamen in meiner Schule alle Handys. Ich hatte auch ein Mobiltelefon, so einen alten Knochen von Nokia, mit dem ich mit meinen Freunden Nachrichten schreiben konnte. Eines Tages beobachtete ich einen meiner schwerhörigen Klassenkameraden dabei, wie er telefonierte. Ich stutzte. Er telefonierte?! Ich ging auf ihn zu und fragte ihn: »Wieso kannst du telefonieren?«

Und er antwortete: »Wieso nicht? Ich bin schwerhörig, nicht taub.«

Das verwirrte mich. Am Nachmittag marschierte ich nach Hause zu meiner Mutter und stellte sie in der Küche zur Rede.

»Warum können die anderen in meiner Klasse telefonieren? Ich will das auch können!«

Meine Mutter entgegnete verlegen: »Das geht nicht, Benjamin.«

»Aber wieso denn nicht? Ich kann doch reden!«

»Das schon.« Sie zögerte. »Aber hören kannst du nicht.«

Ich blickte sie einen Moment lang fassungslos an. »Was soll das heißen? Ich bin doch schwerhörig, nicht taub.«

Sie schüttelte den Kopf. »Nein, du bist taub.«

Ich verstand die Welt nicht mehr. Wieso war ich auf einer Schule für Schwerhörige, wenn ich gehörlos war? Warum konnte ich kommunizieren? Und weshalb erfuhr ich erst jetzt, dass ich taub war?

»Deine Lehrerin in der Schweiz hat verboten, dass du Kontakt zu Gehörlosen hast, die Gebärdensprache lernst und auf eine Gehörlosenschule gehst«, erklärte meine Mutter. »Sie meinte, es wäre besser, wenn du denkst, du wärst schwerhörig. Dann hättest du Chancen wie jeder andere auf eine Ausbildung und ein normales Leben.«

Ganz langsam ließ ich mich auf einen der Küchenstühle sinken. Ich weiß, wie merkwürdig es aus heutiger Sicht klingt, aber ich hatte wirklich nicht gewusst, dass ich im Unterschied zu den Kindern in meiner Klasse *gar nichts* hörte. Und wieso auch? Ich konnte ja normal kommunizieren. Reden, Lippenlesen, in Interaktion mit anderen treten. Mir fehlte nichts.

Meine Mutter legte an diesem Nachmittag eine umfassende Beichte vor mir ab und machte mir noch einmal klar, dass es nicht viele Gehörlose gibt, die die verbale Kommunikation beherrschen. In Deutschland leben etwa 80.000 Gehörlose und etwa 16 Millionen Schwerhörige, von denen circa 140.000 auf die Gebärdensprache angewiesen sind. Ich erfuhr, dass nur ein winzig kleiner Bruchteil der vollständig Tauben das Sprechen beherrschte – die meisten davon, weil sie im Laufe ihres Lebens ertaubt waren. Nur die wenigsten, die niemals gehört haben, haben die Möglichkeit, die verbale Kommunikation zu erlernen.

»Heute sehe ich, dass es falsch war, dich von der Gebärdensprache fernzuhalten. Möchtest du sie denn gerne lernen?«, fragte mich meine Mutter.

Und wie ich wollte. Meine Mutter fand, die Gebärdensprache sei doch eigentlich meine Muttersprache. Sie meinte auch, ich könne mit meiner besonderen Fähigkeit später anderen Gehörlosen helfen – und so Brücken bauen. Ich ahnte damals, dass es nicht leicht werden würde, eine vollkommen neue Sprache zu erlernen, aber ich verfüge über eine enorme Willenskraft. Wenn ich mir etwas in den Kopf gesetzt habe, gebe ich nicht auf, bis ich mein Ziel erreicht habe. Ganz nach dem Motto: Wo ein Wille ist, ist auch ein Weg.

Heute denke ich, dass Gehörlose und Schwerhörige, aber auch Träger eines sogenannten Cochlea-Implantats, also einer Hörprothese, die Gebärdensprache als Erstes lernen sollten, um sich später besser artikulieren zu können. Wenn man erst einmal eine Basis hat, kann man spielend leicht eine andere Sprache lernen.

Ich meldete mich in einem Kurs an meiner Schule für Schwerhörige an, in dem ich die Gebärdensprache lernte. Außer mir waren nur Erwachsene da – und alle konnten hören! Und es kam noch schlimmer: Es waren alles Lehrer meiner Schule. Ich war ein Exot, nicht nur wegen meines Alters. Denn normalerweise lernen Gehörlose die Gebärdensprache als Muttersprache. Ich jedoch musste Vokabeln pauken wie im Englischunterricht, und das alles neben der regulären Schulzeit. Und als ob das noch nicht genug gewesen wäre, bestand ich darauf, den Kurs von meinem Taschengeld zu bezahlen.

Erst später bekam ich einen neuen Namen: in Gebärdensprache. Denn nur Gehörlose dürfen Gehörlosen einen Namen geben. Hörende können sich das nicht vorstellen, aber natürlich haben auch Gehörlose Namen – nur dass sie nie bei diesem Namen gerufen werden. In der Kommunikation braucht man den Namen natürlich, wenn man zum Beispiel etwas über jemand anderen sagen will. Nun ist es sehr mühsam, die Namen immer zu buchstabieren – und eine 1-zu-1-Gebärde für Benjamin gibt es nicht. Was machen die Gehörlosen also? Sie greifen zu einem Trick – einem wunderschönen Trick, wie ich finde.

Jeder, der die Gebärdensprache lernt, bekommt einen Namen in Gebärdensprache. Dafür nimmt man eine Gebärde für eine bestimmte Eigenschaft oder ein Merkmal, das die Person auszeichnet. Weil ich eine Narbe am Mundwinkel habe, tippe ich mir für meinen Namen in Gebärdensprache zum Beispiel mit dem Zeigefinger auf die Narbe und forme mit dem Mund zeitgleich »Benjamin«. Oft sind es körperliche Merkmale, charakterliche Besonderheiten oder einprägsame Gesten, die zum Namen in Gebärdensprache werden. Eine Bekannte von mir hat beispielsweise Angst vor Schmetterlingen – das finde ich ziemlich individuell und bemerkenswert. Ihr Name in der Gebärdensprache ist eine Kombination aus der Gebärde für Schmetterling und dem L, dem Anfangsbuchstaben ihres Namens.

Mit der Gebärdensprache offenbarte sich mir eine ganz neue Welt. Wenn ich nun mit dem Bus an der Gehörlosenschule vorbeifuhr, konnte ich durch die Fensterscheibe »lesen«, worüber sich die Schüler auf dem Schulhof unterhielten. Ich fühlte mich wie ein Vollidiot, weil ich die Gehörlosen für Doofies und die Gebärdensprache für Herumzappeln gehalten hatte. Nun entdeckte ich die Schönheit der Gebärden, ihre ganz eigene, prägnante Ausdrucksweise, und lernte auch, wie viel einfacher es ist als in der Lautsprache, mit einer einzigen Gebärde eine komplexe Handlung auszudrücken.

Der Satz »Ich werfe einen Ball« muss in der Lautsprache zum Beispiel um einige Attribute ergänzt werden, wenn ich sagen will, mit wie viel Kraft ich ihn geworfen habe, wie weit der Ball geflogen ist und ob er aufgetitscht oder zurückgeprallt ist. In der Gebärdensprache genügt eine Bewegung, und mein Gesprächspartner hat alles verstanden. Auch ob ich eine einzelne Rose mit spitzen Fingern reiche oder einen riesigen Strauß übergebe, kann ich mit einer einzigen Gebärde erzählen. Denn mit nur einer Gebärde können bis zu sieben verschiedene Bedeutungsteile kommuniziert werden, darunter wer etwas tut, der Ort, wie etwas getan wird und die Größe oder Menge eines Objektes. Ziemlich praktisch.

Tatsächlich half mir das Erlernen der Gebärdensprache auch, meine Schüchternheit zu überwinden. Als Jugendlicher war ich, wie die meisten, alles andere als selbstsicher, sondern versteckte mich oft und gern in den viel zu großen Sweatshirts, die man in den Neunzigern trug, und zog den Kopf ein. Es war eben oft einfacher, in meiner eigenen Blase zu bleiben, als mich für den Rest der Welt zu öffnen. Doch die Gebärdensprache half mir, mir meines Körpers bewusster zu werden. Er war schließlich ein sehr wichtiges Hilfsmittel in der Kommunikation – und Ausdruck meiner Persönlichkeit. Ich lernte, nicht nur die Körperhaltung, die Mimik und Gestik meiner Gesprächspartner zu analysieren, sondern auch meinen Körper bewusst in einer Unterhaltung einzusetzen. Außerdem entspannte es mich enorm, dass ich nun nicht mehr nur zum Lippenlesen verdonnert war.

Man kann es sich vielleicht nur schwer vorstellen, aber es ist wirklich sehr anstrengend, seinem Umfeld die ganze Zeit auf den Mund zu schauen. Es ist mühsam, immerzu alle um mich herum im Blick zu behalten und mich zu fragen, ob sie eventuell gerade mit mir reden wollen. Über das Ohr können Hörende ganz nebenbei »empfangen«, sie müssen sich dafür nicht anstrengen, sie müssen nicht einmal besonders aufmerksam sein. Sie hören ihren Namen oder einen Apell und wissen, dass sie jetzt auf Empfang gehen, dafür müssen sie noch nicht einmal signalisieren, dass sie die Empfangsgeräte, also die Ohren, angestellt haben. Die Worte plätschern in ihren Gehörgang hinein und werden im Gehirn verarbeitet. Sind ihre Bedeutung oder der Informationsgehalt nicht wichtig, werden sie einfach in den mentalen Papierkorb verschoben. Man kann im wahrsten Sinne des Wortes »darüber weghören«.

Bei der Wahrnehmung mit den Augen ist das schwieriger. Wenn man nicht nur dumpf in die Gegend guckt, sondern bewusst wahrnimmt, prasseln Hunderte von Eindrücken pro Sekunde auf das Gehirn ein, die allesamt verarbeitet werden müssen. Wer schon einmal versucht hat, in einer ihm fremden Sprache das Fernsehprogramm zu verfolgen, weiß, wovon ich spreche. Man darf nicht abschalten, muss ununterbrochen die Empfangskanäle offenhalten. Das erschöpft und ist anstrengend, weil man sich immerzu konzentrieren und sehr genau hinsehen muss, um nichts zu verpassen.

Wenn ich mich unterhalte, ist es wichtig, dass mein Gegenüber langsam und deutlich spricht. Zum Glück bin ich in der Lage, auch aus dem Profil die Lippen abzulesen. Dennoch ist es leichter, wenn man auf einer visuellen Ebene kommuniziert. Außerdem spielt Gelassenheit eine entscheidende Rolle. Ich gehöre selbst leider nicht zur geduldigsten Sorte Mensch, doch bei einer Unterhaltung ist genau das unabdingbar. Schließlich muss ich immer wieder nachfragen: »Habe ich dich richtig verstanden?« Oder auch: »Kannst du das noch einmal wiederholen, bitte?«

Auch ist es wichtig, ob die Person mich verstanden hat. Ich weiß ja nicht, wie laut ich spreche oder wie laut es um uns herum ist. Deshalb frage ich auch oft: »Hast du mich richtig verstanden?« Oder ich wiederhole, was mein Gegenüber gesagt hat, um auf Nummer sicher zu gehen – auch wenn ich weiß, dass manche Leute deswegen denken, ich sei ein bisschen blöd. Für mich ist es aber einfach eine Absicherung.

Richtig gut finde ich es, wenn mein Gesprächspartner versucht zu gebärden. Dabei ist es vollkommen egal, ob er die richtige Gebärde verwendet oder nicht – allein der Versuch, mir das Verstehen zu erleichtern, ist toll. Viele Gebärden sind sowieso selbsterklärend, ich denke da zum Beispiel an Essen, Reden, Kochen, Laufen, aber auch alle Körperteile, auf die man einfach zeigen kann, oder Gegenstände, die man mit einer einfachen Gebärde beschreibt.

Als ich vor Kurzem in Frankreich war und wir eine Crêperie besuchten, sagte ich zu meiner Frau: »Lass mich mal bestellen, ich will ausprobieren, wie weit ich komme.« Sie blieb also am Tisch sitzen, während ich mich am Tresen anstellte.

Wenn wir zu zweit irgendwo auftauchen, wird Veronica oft als Dolmetscherin missbraucht. Sie macht das natürlich sehr gern, aber schöner ist es, wenn Leute mit mir reden und sich Mühe geben. Manchmal sage ich etwas, und die Leute kapieren es nicht, aber anstatt noch einmal bei mir nachzufragen, wandert ihr Blick wie von allein zu meiner Frau, die dann die Übersetzerin spielen darf. Das nervt – und zwar vor allem mich. Immerhin bin ich anwesend und in der Lage zu kommunizieren. Sogar beim Arzt ist es uns schon passiert, dass der Doktor nicht mit mir, sondern ausschließlich mit meiner Frau gesprochen hat, als wäre ich nicht da oder ein Kind, das nicht selbst sprechen kann. Ich hasse diese Situationen, denn ich mag es nicht, wie Luft behandelt zu werden.

In der Crêperie wollte ich es anders machen, also bat ich Veronica, Platz zu nehmen, und machte mich daran, meine Bestellung aufzugeben. Als ich an der Reihe war, erklärte ich der Frau hinter der Theke zunächst mit einer Geste, dass ich nicht hören kann. Sie wirkte kurz verunsichert, sah mir dann aber offen ins Gesicht und signalisierte mir, dass sie mir folgen könne.

Ich gebärdete, dass ich zwei Crêpes bestellen wollte, indem ich meine rechte Hand mit der Handfläche nach oben ausstreckte und mit der linken so tat, als würde ich den Teig mit einem Holzschieber im Uhrzeigersinn darauf verteilen. Die Frau verstand sofort und nickte. Nun wirkte sie schon sehr viel zuversichtlicher, und ich fuhr fort, indem ich so tat, als würde ich mit einem Löffel aus einem großen Glas eine zähe Flüssigkeit holen und auf die Crêpe tropfen lassen. Die Frau lachte. Nutella! Sie zeigte auf das Glas. Da Veronica ihre Crêpe mit Zucker und Zimt wollte, gebärdete ich einen Zuckerstreuer – und auch das verstand die Frau. Danach bestellte ich noch zwei Espressi, indem ich an einer kleinen imaginierten Tasse nippte und danach die Augen aufriss. Die Gebärde für Espresso ist eigentlich eine andere, aber meine Version wurde von der Crêpe-Bäckerin besser verstanden und war deshalb sinnvoll.

Gerade in Südeuropa fällt mir das Kommunizieren oft leichter als in Deutschland, denn in Spanien oder Italien werden sowieso viele Gesten benutzt, um das Gesagte zu unterstreichen. Wenn ich in der Toskana tanken gehe, habe ich manchmal sogar das Gefühl, dass der Tankwart über meine Gebärde dankbarer ist als über Englisch oder ein paar Brocken Schullatein, die man mit viel Fantasie als Italienisch verstehen kann. Möglicherweise ist das der Grund, warum Gehörlose viel reisen. Denn ob sie in Deutschland oder in Vietnam von Hörenden nicht verstanden werden, macht nun wirklich keinen Unterschied. Gehörlose sind dazu gezwungen, alle Mittel, die ihnen zur Verfügung stehen, zu nutzen – und stellen sich dabei meist sehr kreativ an.

Wenn man es wirklich möchte, ist es nicht schwer, miteinander ins Gespräch zu kommen – selbst wenn ich kein Französisch spreche, nicht hören und mein Gegenüber keine Gebärden lesen kann. Diese Art der Kommunikation beherrscht jeder, der über Hände und Füße verfügt. Ich weiß, dass es vielen Menschen peinlich ist, zuzugeben, dass sie eine Sprache nicht beherrschen oder nicht verstehen, was der andere ihnen sagen will. Zu diesen Leuten kann ich nur sagen: Willkommen in meiner Welt! So geht es mir jeden einzelnen Tag – ich muss andauernd auf meinen Einfallsreichtum zurückgreifen, wenn ich Teil der Gesellschaft sein und nicht nur am Rand stehen und die gehörlose Leberwurst spielen will. Aber wer kommunizieren möchte, findet immer einen Weg! Man muss kein abgeschlossenes Romanistikstudium vorweisen, um in Frankreich einen Crêpe zu bestellen – man muss noch nicht einmal hören können. Es genügt, sich auf seinen Körper, seine Gestik und seine Mimik zu verlassen und auf das Gegenüber einzustellen. Wenn sich beide dann ein kleines bisschen füreinander öffnen, ist es eigentlich ganz leicht, ein Gespräch in Gang zu bringen.

Und wenn Hände und Füße doch mal nicht ausreichen? Dann haben wir heute alle eine kleine Wunderwaffe in unserer Hosentasche. Das Smartphone macht es wirklich supereinfach, miteinander zu kommunizieren – egal in welcher Sprache, egal ob gehörlos, hörend, blind oder sehend. Diverse Übersetzungsprogramme übertragen in Windeseile Sätze vom Deutschen in andere Sprachen, außerdem ist die Notizfunktion ein geniales Tool, um mit Gehörlosen zu interagieren.

Für mich sind SMS oder Nachrichtendienste dasselbe wie für Hörende telefonieren. Wenn ich also manchmal minutenlang auf das Display meines Handys starre, dann surfe ich nicht gerade das Internet leer oder schaue mir auf YouTube Videos an, in denen Hunde Kinderrutschen hinuntersausen, sondern kommuniziere! Übrigens ist es in diesem Fall immer ärgerlich, wenn mein Gegenüber plötzlich zu schreiben aufhört, ohne sich vorher zu verabschieden. Das ist für mich, wie wenn ein Hörender telefoniert und urplötzlich legt der Gesprächspartner auf. Viel netter ist es doch, seinem Gegenüber zu erklären, dass man sich in ein paar Minuten noch einmal meldet. Oder, wenn man sich schlicht und ergreifend die Zeit nimmt und die Konversation zu Ende bringt – mit Verabschiedung und allem, was übrigens auch im direkten Kontakt als höflich gilt.

Und selbst wenn der Akku des Smartphones mal leer ist: Zettel und Stift haben jahrhundertelang den menschlichen Austausch ermöglicht und funktionieren auch heute noch hervorragend. Es ist ja nicht so, als ob wir Botschaften in

Steinplatten einmeißeln müssten, wenn wir versuchen, auf diese Art zu kommunizieren ...

Auch die Mimik spielt in der Kommunikation eine große Rolle. Mit ihrer Hilfe kann ich das, was ich gebärde oder sage, verstärken. Ein Gesichtsausdruck transportiert in Nullkommanichts eine Emotion. Klar, dass alle, die in Gebärdensprache miteinander reden, auch ihre Mimik einsetzen. Das wirkt auf Außenstehende manchmal komisch oder clownesk, hat aber einen ganz einfachen Sinn: Alles, was mein Gesicht ausdrückt, muss ich nicht mehr gebärden. Ohne Worte kann ich also manchmal mehr sagen, als wenn ich versuche, mich zu erklären.

Die direkte Kommunikation mit einem Gegenüber bedeutet Verständigung durch die Verwendung von Zeichen und Sprache. Die hörende Welt verlässt sich oft auf das gesprochene Wort – was schade ist, denn ihr stehen doch so viele weitere Ausdrucksformen zur Verfügung. Kommunikation ist mehr als das, was wir hören: Mimik, Gestik und Körpersprache, aber auch die eigenen Emotionen gehören unbedingt dazu. Die meisten Menschen lieben es, einer lebhaften Erzählung zu folgen, und bewundern charismatische Menschen, die sie mit ihrer Energie mitreißen und dabei Emotionen transportieren. Selbst scheuen sie sich aber, ihren Körper einzusetzen, wenn sie verstanden werden wollen. Warum ist das so? Wieso verwenden Sprechende oft viele Worte, um wenig zu sagen? Weshalb sind viele Leute offen dafür, andere Sprachen zu erlernen, scheuen sich aber, einen Satz mit einer Geste zu unterstreichen?

Und warum schämen sich die meisten Hörenden, ihren Körper in der Kommunikation einzusetzen? Unser Körper spricht, davon bin ich überzeugt, die ehrlichsten Worte – den Mund muss man dafür gar nicht aufmachen. Emotionen finden doch auch im Körper und nicht nur in Worten statt. Wie würde eine Welt aussehen, in der wir unserem Gegenüber schon beim ersten Aufeinandertreffen ansähen, wie es ihm geht? Wäre das nicht wunderbar?

Alles spricht!

Wenn du das nächste Mal mit einem Menschen in Kontakt trittst, versuche bewusst, alle Signale wahrzunehmen, die er dir nonverbal vermittelt, bevor ihr das erste Wort gewechselt habt.

1. **Position im Raum**: Wo im Raum hält er sich auf? An der Tür oder in der Mitte? Kommt er dir nah oder bleibt er auf Sicherheitsabstand?

2. **Körperhaltung**: Wie ist seine Körperhaltung? Hoch aufgerichtet oder gebeugt? Sind die Schultern hochgezogen oder wirkt dein Gegenüber selbstsicher?

3. **Blicke**: Lässt er seinen Blick umherwandern oder sieht er den Menschen in die Augen? Ist er abgelenkt oder konzentriert?

4. **Gestik**: Knetet er die Hände oder vergräbt er sie in den Taschen? In welche Richtung zeigen die Handflächen? Benutzt er ausufernde Gesten oder verschränkt er die Arme vor der Brust?

5. Mimik: Ist sein Gesicht offen oder verschlossen? Runzelt er die Stirn? Lächelt er? Lächeln auch die Augen? Sind sie geöffnet oder zusammengekniffen? Zeichnet sich eine Sorgenfalte zwischen den Augenbrauen ab?

6. Intonation: Wenn dein Gegenüber spricht, spricht er leise oder laut? Flüstert er und ist kaum zu hören, oder hört er sich laut und drängend an? Hörst du der Stimme gern zu?

7. Sprechtempo: Spricht er langsam und gedehnt oder schnell und hastig? Schießt er mit den Antworten heraus oder denkt er nach, bevor er antwortet?

8. Sprechmelodie: Klingt seine Stimme monoton oder melodisch? Hat sie verschiedene Färbungen?

Du hast eine Menge Informationen über deinen Gesprächspartner gesammelt, ohne vielleicht persönlich mit ihm gesprochen zu haben. Mach dir ein Bild deines Gegenübers – und versuche dann im Gespräch herauszufinden, ob dein erster Eindruck richtig war.

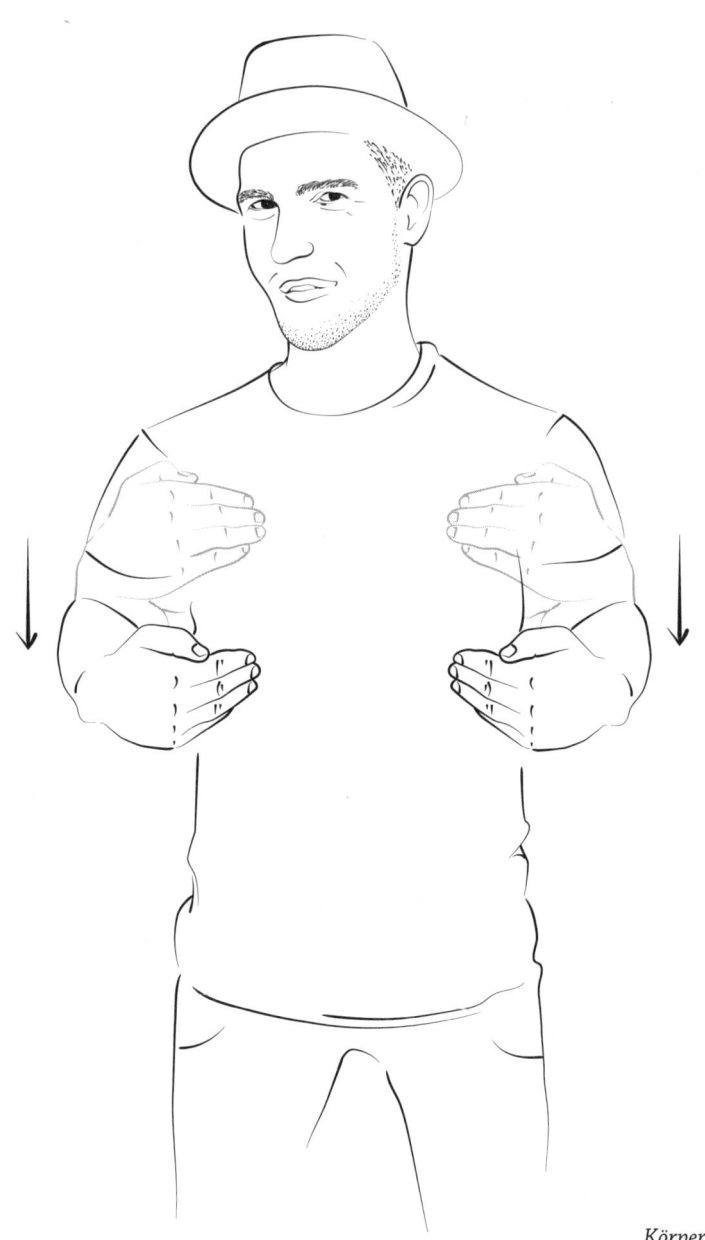

Körper

Hand aufs Herz

Es heißt immer: Es gibt keine zweite Chance für einen ersten Eindruck.

Wenn ich einem Menschen begegne, nehme ich alles wahr: seinen Körper, seine Haltung, die Kleidung, die er oder sie trägt, seinen Gesichtsausdruck und seine Aura. Ich verbinde alles, was ich erfassen kann, zu einem Gesamteindruck, der mir Aufschluss über mein Gegenüber gibt. Besonders die Ausstrahlung ist wichtig, also was ich empfinde, wenn ich dem anderen begegne – welche nonverbalen Signale er oder sie mir unbewusst sendet.

Jeder von uns hat eine Art energetisches Feld, das um ihn herum schwingt. An guten Tagen können wir strahlen wie die Sonne, an schlechten geht meistens etwas von unserer Strahlkraft verloren. Das ist ganz normal – denn wir sind dann mit uns und unseren Sorgen beschäftigt, nicht mit der Welt um uns herum. Gerade die Aura verrät mir jedoch viel über mein Gegenüber, besonders dann, wenn es jemandem schlecht geht. Oft sind meine Freunde für mich daher wie ein offenes Buch. Es passiert nicht selten, dass ich jemanden frage: »Was ist los? Geht es dir nicht gut?«

Und mein Gegenüber antwortet: »Wie kannst du das nur wissen?«

Kann ich Gedanken lesen? Nein, selbst wenn das viele denken, weil ich von Gesicht und Körper so viel ablese. Durch meine Gehörlosigkeit bin ich außerdem in der Lage, meiner Intuition mehr Raum zu geben. Denn wenn man das Grundrauschen, das die Welt erzeugt, abstellt – und das ist bei mir ja der Normalzustand –, nimmt man vieles intensiver wahr. Manchmal wird unser Bauchgefühl von dem, was ein Mensch sagt, übertönt. Man fragt: »Wie geht es dir?« Und bekommt zur Antwort: »Sehr gut, danke.« Dabei sprechen der Körper, die Mimik, die Gestik und die Ausstrahlung eine ganz andere Sprache. Dennoch lassen sich Hörende oft mehr von Worten als von ihrem eigenen Eindruck überzeugen. Dabei ist die erste Botschaft, die man sendet, immer nonverbal, denn der Körper kommuniziert, bevor man auch nur den Mund aufgemacht hat. Auf den großen Sprachwissenschaftler Paul Watzlawick geht das Zitat zurück: »Man kann nicht *nicht* kommunizieren.« Das bedeutet, das gesamte Sein, der Körper, die Erscheinung, alles, was einen Menschen ausmacht, sendet unentwegt Signale – ob wir wollen oder nicht. Sie sind das Erste, was wir wahrnehmen.

Als ich auf der Suche nach einer Ausbildungsstelle war, habe ich mir genau diesen Umstand zunutze gemacht. Ich wusste, es würde nicht leicht für mich werden, eine Anstellung zu finden, denn die meisten Hörenden haben große Berührungsängste und fühlen sich unsicher im Kontakt mit Handicaps. Mir war klar, würde ich schriftliche Bewerbungen verschicken, in denen ich meine Gehörlosigkeit natürlich erwähnen müsste, bekäme ich vermutlich eine Reihe von Absagen. Und zwar nicht, weil ich für die Stelle oder Ausbildung nicht geeignet wäre, sondern weil man sich als Hörender oft einfach nicht vorstellen kann, wie man Gehörlose in den normalen Arbeitsalltag integriert.

Für Menschen ohne Gehör ist es in Deutschland nicht leicht, eine Ausbildung zu finden – und noch schwerer ist es, an einer Universität zu studieren, da es keine Hochschule für Gehörlose hierzulande gibt. Sie müssen auf die Regeluniversität gehen und beim Staat über die sogenannte Eingliederungshilfe einen Dolmetscher beantragen, der sie dann während der Vorlesungen und Seminare begleitet. In den USA wurde in Washington D.C. bereits 1857 die Columbia Institution for the Deaf and Dumb and the Blind gegründet, die sich seit 1986 Gallaudet University nennt – die erste und einzige Universität ihrer Art. Dort können Gehörlose einen regulären Hochschulabschluss machen und sogar promovieren. Davon ist Deutschland leider auch heute noch weit entfernt. Zwar gibt es spezielle Kindergärten und Schulen, aber keine Hochschulen für Gehörlose oder Schwerhörige. Wer ein Studium wagt, braucht mindestens einen Dolmetscher für deutsche Laut- und deutsche Gebärdensprache, manchmal, bei längeren Vorlesungen, sogar zwei, damit sich die Übersetzer abwechseln können. Und natürlich jemanden, der das Übersetzte aufschreibt – denn gleichzeitig Gebärden lesen und Notizen machen, ist schlicht und ergreifend unmöglich. Die Unterstützung zu beantragen und dann »betreut« zu studieren, erfordert einen großen Willen und jede Menge Durchsetzungskraft. Wer nicht seinen Traumberuf durch das Studium ergreifen will, hat oft nicht die Kraft oder die Lust, sich durch den Formular-Dschungel zu schlagen.

Das ist der Grund, warum die meisten Gehörlosen einen Ausbildungsberuf ergreifen. Fast alle Berufsschulen sind nur auf die Bedürfnisse der Hörenden ausgelegt, doch es gibt einige wenige Einrichtungen für Gehörlose in Deutschland. Der Vorteil einer Ausbildung ist, dass sie lediglich drei Jahre dauert, die Schulstunden sind überschaubar und das Lernpensum erträglich. Auch ich hatte mich dazu entschieden, einen praktischen Beruf zu ergreifen. Ich wollte Tischler werden – nicht, weil ich mich dazu berufen fühlte, sondern weil ich es spannend fand, mit meinen Händen zu arbeiten. Allerdings war mir klar, dass ich es unter all den hörenden Bewerbern schwerhaben würde. Die meisten, die in ihrem Umfeld keine Gehörlosen, Blinden oder Menschen mit anderem Handicap haben, reagieren erst einmal mit Skepsis. Wie kann der Taube uns verstehen? Können wir mit ihm überhaupt kommunizieren? Ist er in der Lage, den Beruf zu erlernen und auszuüben?

Ich entschied mich für den Angriff von vorn. Wenn der Ausbildungsleiter mich kennenlernt, dachte ich, wird er schnell merken, dass ich ein ganz normaler Mensch wie jeder andere bin und mein Defizit für den Beruf kein Problem darstellt.

Also marschierte ich eines Tages einfach in eine Tischlerei und fragte mich nach dem Chef durch. Als ich vor der Tür seines Büros stand, schlug mir das Herz bis zum Hals, aber ich versuchte, mir meine Nervosität nicht anmerken zu lassen. Stattdessen klopfte ich an der Tür. Ja, ich weiß. Eigentlich sinnlos, denn ich kann die Reaktion nicht hören. Aber ich weiß, dass es eine Geste der Höflichkeit aus der Welt der Hörenden ist, und da ich mich nun mal ununterbrochen in dieser Welt bewege, habe ich mir angewöhnt, mich wie ein Hörender zu verhalten.

Ich öffnete vorsichtig die Tür. Hinter einem großen Schreibtisch saß ein Mann in den Fünfzigern, zwischen Wange und Schulter hatte er einen Telefonhörer eingeklemmt. Er sah mich fragend an.

»Guten Tag, mein Name ist Benjamin«, ergriff ich das Wort. »Ich bin auf der Suche nach einem Ausbildungsplatz.«

Er nickte und bat mich, noch ein paar Minuten vor der Tür zu warten, bis er das Telefonat beendet hatte. Im Flur stellte ich mich breitbeinig hin und atmete tief ein und aus, um all meinen Mut zusammenzunehmen und mich zu fokussieren. Die Atemübungen aus dem Kampfsport halfen mir dabei. Gehörlose sind oft sehr schüchtern und trauen sich nicht. Ich wollte gleich einen selbstbewussten Eindruck machen, weil ich mir sicher war, ich würde einen guten Mitarbeiter abgeben.

Wenige Augenblicke später öffnete er die Tür und bat mich in sein Büro.

Ich sagte: »Mein Name ist Benjamin. Ich bin gehörlos und würde gern eine Ausbildung zum Tischler bei Ihnen machen.«

Der Mann stutzte und wollte wohl etwas sagen, wusste aber anscheinend nicht, ob ich ihn verstehen konnte.

»Ich kann Ihre Lippen lesen«, erklärte ich.

Der Chef sah mich nachdenklich an. Dann meinte er: »Dass du sprechen und Lippenlesen kannst, ist eine super Sache. Ich wüsste nicht, was einer Ausbildung bei uns im Wege steht. Nur eines: Eigentlich sind wir schon mit einem anderen Bewerber im Gespräch.«

Ich hatte eine Idee. »Ich könnte zwei Wochen ohne Bezahlung zum Probearbeiten vorbeikommen. Dann können Sie sich davon überzeugen, dass ich anpacken kann und entscheiden, wen sie einstellen möchten.«

Er stimmte zu, und schon in der Woche darauf begann mein unbezahltes Praktikum in der Tischlerei. Ich tat, was ich immer tue: machte mich nützlich, ging allen zur Hand, war aufgeschlossen, kommunikativ und gesellig. Alle im Betrieb mochten mich, weil ich offen, direkt und ehrlich war, gute Arbeit verrichtete und mir auch das Werken mit dem Holz große Freude bereitete. Ich war mir mittlerweile sicher, dass Tischler der richtige Beruf für mich war.

Vierzehn Tage später klopfte ich wieder an der Tür des Chefs. »Sind die zwei Wochen etwa schon vorbei?«, fragte er mich lachend. Dann sagte er: »Hör mal, Benjamin, du hast deine Sache wirklich sehr gut gemacht. Die Kollegen und ich möchten, dass du unser neuer Auszubildender wirst. Was hältst du davon?«

Ich war natürlich begeistert. Vor allem, weil ich einen Ausbildungsplatz ganz ohne offizielle Bewerbung ergattert hatte, einfach, weil ich angetreten war und mit meiner Power überzeugen konnte.

Der Berufsschulunterricht fand in Blöcken statt. Das Rheinisch-Westfälische Berufskolleg, das ich nun besuchte, war wie ein Internat organisiert, da es nur sehr wenige Einrichtungen dieser Art gibt und die Anfahrt aus Hamburg nach Essen jeden Tag natürlich viel zu lang gewesen wäre. In einem Internat übrigens, kann jeder merken, dass zwischen hörenden und gehörlosen Jugendlichen kaum ein Unterschied besteht: auch die gehörlosen Teenies haben nur Unsinn im Kopf.

Einmal überredete ich zum Beispiel einen Kumpel aus der Berufsschule, meinen Zimmergenossen nachts mitsamt seinem Bett auf den Flur zu tragen. Mein Zimmernachbar hatte einen extrem tiefen Schlaf – und hörte natürlich genauso wenig wie alle anderen hier. Also schleppten wir sein Bett mitsamt seiner schlafenden Gestalt darin nach Einbruch der Dunkelheit hinaus in das Treppenhaus, wo er am nächsten Morgen auch dann nicht aufwachte, als die vierhundert lärmenden Schüler zum Frühstück auftauchten. Es war zum Schreien komisch, als er irgendwann die Augen aufschlug und in den ersten Momenten eindeutig nicht wusste, ob er noch träumte. Ich stand mit meinem Kumpel in der Nähe und schüttete mich aus vor Lachen. Als mein Zimmergenosse mich erkannte und begriff, dass ich für den Scherz verantwortlich war, machte er eine Gebärde in meine Richtung, die auch jeder Hörende eindeutig erkennen würde.

Auch wenn es ganz eindeutige Gebärden gibt, die quasi alle Menschen verstehen, bin ich immer wieder erstaunt, wie wenig man in der Welt der Hörenden über Gebärdensprache weiß. Etwa 200.000 Menschen sind in der Lage, die Deutsche Gebärdensprache (DGS) zu sprechen – und zwar in Deutschland und Luxemburg. In Österreich und der Schweiz benutzt man eine andere Gebärdensprache, die mit der französischen verwandt ist. Für viele ist es erst einmal kaum zu glauben, dass die Gebärdensprache nicht international ist. Aber wie bei den Lautsprachen auch haben sich die unterschiedlichen Gebärdensprachen in jedem Land unabhängig voneinander entwickelt. Heute geht man davon aus, dass es etwas mehr als 130 verschiedene Gebärdensprachen gibt, dabei werden die Dialekte jedoch nicht eingerechnet. In München ist die Gebärde für »Frau« zum Beispiel eine andere als in Köln, und allein die Schweiz hat zwölf verschiedene Dialekte in der Gebärdensprache.

Es ist kein Hexenwerk, die Gebärdensprache zu erlernen – und definitiv leichter als Finnisch oder Chinesisch. Allerdings müssen sich die meisten Hörenden erst einmal an die präzise Ausführung der Gebärden gewöhnen. Der Unterschied zwischen »danke« und »ich hasse dich« ist zum Beispiel minimal – und kann bei ungenauer Ausführung sehr schnell zu großen Missverständnissen führen. Auch das T im amerikanischen Fingeralphabet hat im deutschen Sprachraum eine andere Bedeutung, die man besser nicht allzu häufig verwechselt, denn es ist eine vulgäre Bezeichnung für die eigentlich schönste Nebensache der Welt ...

Die am häufigsten gesprochene Gebärdensprache der Welt ist die Amerikanische Gebärdensprache (ASL = American Sign Language). Als ich 2004 nach Hawaii kam, um meine Fähigkeiten im Kung-Fu zu perfektionieren, konnte ich kaum eine ASL-Gebärde. Glücklicherweise hatte mir meine Mutter die englische Lautsprache etwas beigebracht, sodass ich in der Lage war, mich zu verständigen.

Natürlich gibt es, wie in der Lautsprache auch, eine Sprache, die theoretisch weltweit alle Gehörlosen verstehen könnten. Die International Sign ist eine künstlich erschaffene Gebärdensprache, die in etwa so erfolgreich ist wie Esperanto – also gar nicht. Das Problem bei sogenannten Plansprachen ist immer, dass sie sich zwar in der Theorie gut anhören, in der Praxis jedoch kaum eingesetzt werden. Wenn ein deutscher Gehörloser sich also in Amerika oder Italien mit anderen Gehörlosen verständigen will, muss er genauso die Sprache neu erlernen, wie es die Hörenden auch tun.

Deutsche Lautsprache und deutsche Gebärdensprache sind ebenfalls nicht dasselbe. Als ich mit vierzehn anfing, die DGS zu lernen, musste ich also von vorn anfangen – und zwar beim Buchstabieren. Das Fingeralphabet funktioniert natürlich überall auf der Welt und ähnelt sich in den verschiedenen Gebärdensprachen, allerdings ist es nicht identisch – und es ist auch keine Gebärdensprache, sondern nur zum Buchstabieren da, genau wie das Alphabet keine Lautsprache ist. Es bietet keine Möglichkeit, sich entspannt zu unterhalten, denn es ist sehr mühsam, jedes Wort, das man sagen will, zu buchstabieren. Das kann man sich bestimmt auch als Hörender lebhaft vorstellen – da muss man nur mal an Morsen oder die alten Handys zurückdenken, bei denen es noch keine Worterkennung gab und man jeden Buchstaben einzeln über die Tastatur eingeben musste.

Das deutsche Fingeralphabet

Das deutsche Fingeralphabet

A	B	C	D	E
F	G	H	I	J
K	L	M	N	O
P	Q	R	S	T
U	V	W	X	Y
Z	Ä	Ö	Ü	Sch

Grammatik und Satzaufbau unterscheiden sich in Laut- und Gebärdensprache grundlegend. Während in der Laut- sprache die Sätze oft mit dem Subjekt, also zum Beispiel »ich« oder »der Hund«, anfangen, arbeitet sich die Gebär- densprache nach dem Prinzip Zeit-Subjekt-Ort-Objekt-Prä- dikat voran. Der Satz »Ich habe gestern im Restaurant ein Steak gegessen« würde in Gebärdensprache lauten: »Ges- tern – ich – Restaurant – Steak – essen«. Es gibt keine Zeit- formen in der Gebärdensprache, auch keine Konjugation von Verben – man benutzt immer die Grundformen. Füll- wörter wie »eigentlich«, »möglicherweise« oder »unwahr- scheinlich« werden mit eigenen Gebärden und außerdem sehr selten ausgedrückt. Genau wie der Konjunktiv, der mit »hätte«, »wäre«, »könnte« und so weiter anzeigt, was mög- lich ist und den wir über die Mimik darstellen. Auch Eigen- schaften wie »gut«, »böse«, »froh« werden so ausgedrückt.

Sprache dient nicht nur der Verständigung, sondern formt vor allem auch die Kultur der Sprechenden. Der ita- lienische Filmemacher Federico Fellini sagte einmal: »Eine andere Sprache ist wie eine andere Sicht auf das Leben.« Und er hat recht! Die arabische Sprache benutzt ganz ande- re Wörter und Ausdrücke als die deutsche, ein Japaner drückt sich in seiner Landessprache stets blumiger aus als zum Beispiel ein Amerikaner auf Englisch. Sprache bildet die Grundlage für jede Form von Identität – so kommt es, dass sich parallel zu der Diversifizierung der Sprachen auch unterschiedliche Mentalitäten zwischen den Nationen aus- gebildet haben. Deutsche gelten als direkt, Russen als derb, Engländer als verklemmt, und die jeweiligen Sprachen sind nicht unbeteiligt an diesen Entwicklungen. Wenn man nun die Gebärdensprache als eine eigenständige Sprache wie alle anderen auch betrachtet, liegt es eigentlich auf der Hand, dass auch sie die Kultur der sie Nutzenden prägt.

In der Lautsprache benutzen wir oft höfliche Formulierungen wie »Ich würde dich morgen gern sehen«. Da die Gebärdensprache keinen Konjunktiv kennt, fallen damit auch viele Ausdrücke aus der Lautsprache weg. Ein Gehörloser würde denselben Satz vielleicht so ausdrücken: »Morgen – wir – sehen?« Und dabei einen fragenden oder bittenden Gesichtsausdruck machen. Das bedeutet, dass die Gebärdensprache in ihrem Ausdruck viel klarer und eindeutiger ist. Man schwafelt nicht lange um den heißen Brei herum, sondern sagt klar und deutlich, was man möchte. Das stößt vor allem Hörende oft vor den Kopf, wovon ich leider ein Lied singen kann. Mit Gebärden drücke ich mich direkt und manchmal auch schonungslos aus, mit der Stimme und der Zunge finde ich blumige Umschreibungen – meistens. Denn manchmal bin ich auch verbal genauso unumwunden wie nonverbal, und das irritiert doch so einige.

Auf Nelson Mandela geht folgendes Zitat zurück: »Wenn du mit einem Menschen in einer Sprache sprichst, die er versteht, bleibt dies in seinem Verstand. Wenn du mit ihm in seiner Sprache sprichst, geht ihm dies zu Herzen.« Ich möchte jeden Leser dieses Buches dazu ermuntern, Sprachen zu lernen – und zwar nicht nur die verbalen Sprachen. Die Gebärdensprache ist im Ausland gerade für Hörende sehr nützlich, da sie vieles auf sehr einfache und reduzierte Art ausdrückt, wie es Worte oft gar nicht können. Darüber hinaus empfindet es jeder Schwerhörige oder Gehörlose als große Höflichkeit, wenn Hörende zumindest ein paar grundlegende Gebärden wie »bitte«, »danke«, »Guten Appetit« oder »Auf Wiedersehen« beherrschen.

Vorsicht, Fettnäpfchen!

Gebärden sind eindeutig? Von wegen! In unterschiedlichen Ländern können Fingerzeichen eine ganz andere Bedeutung haben – oft sogar eine negative. Also Augen auf beim Gebärden im Ausland!

	Gefällt mir? Alles paletti? Nicht in Russland oder Griechenland. Da ist der ausgestreckte Daumen beleidigend.
	In Amerika wird die Gebärde vor allem bei Heavy-Metal-Fans bemüht, doch in Italien teilt man seinem Gegenüber damit etwas ganz anderes mit: Deine Frau hörnt, also betrügt dich.
	Rock'n'Roll! Fast. Spreizt man den Daumen nämlich ab, heißt es in der Gebärdensprache etwas anderes: I love you. Die Fingerposition vereint die drei Positionen der Buchstaben I, L und Y aus dem Fingeralphabet.

Eigentlich kaum falsch zu verstehen, oder? Das »V« heißt entweder Sieg (für englisch Victory) oder Frieden (für englisch Peace). Aber nicht nur! Denn zeigt der Handrücken zum Gegenüber, und nicht die Handinnenseite, kann man sich in einigen englischsprachigen Ländern einigen Ärger einhandeln. Da bedeutet es nämlich: f**k you.

Alles in Ordnung?! Nicht in Thailand oder Brasilien, wo die Fingerhaltung mit einer Obszönität verbunden wird. In Mexiko bedeutet sie sogar eine Einladung zu sexuellen Aktivitäten … also bitte sparsam einsetzen!

Diese Geste kennt in Deutschland jeder. In der Gebärdensprache übrigens auch: Sie ist das Zeichen für das weibliche Geschlechtsorgan. Ob die Bundeskanzlerin das weiß?

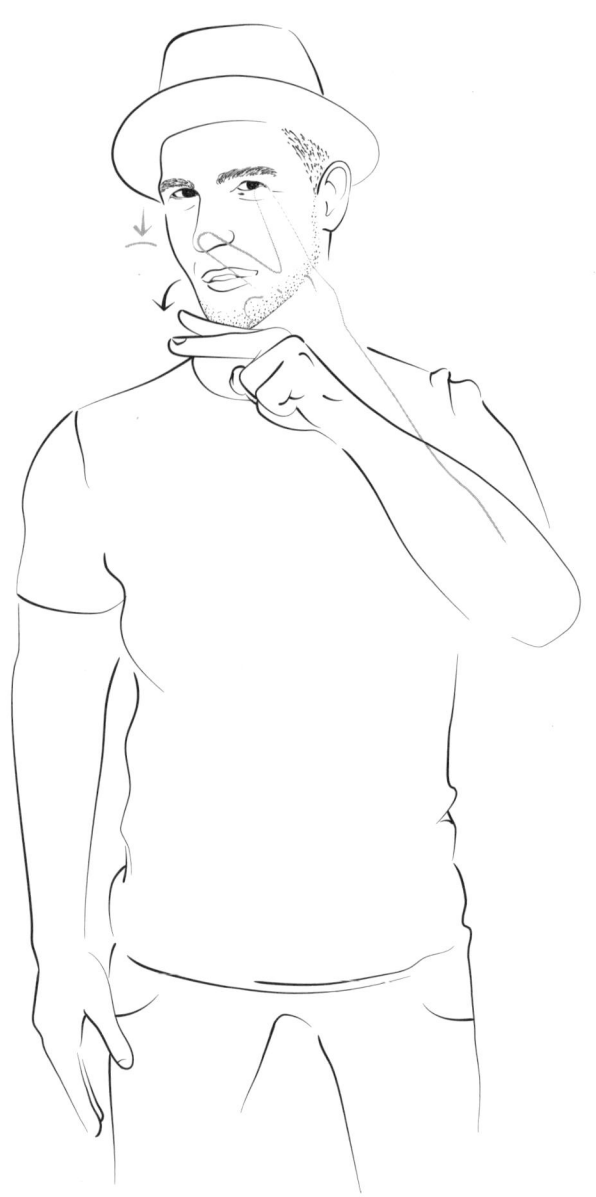

Vorsicht

Jenseits der Stille

Ich lebe in einer stillen Welt. Geräusche, Lärm, Töne, Klänge, Stimmen oder Melodien sind mir fremd. Wenn ich meiner Umgebung keine Aufmerksamkeit schenke, rauscht sie einfach unbemerkt an mir vorbei. Kein Handyklingeln, keine Kettensäge, kein Staubsauger – nichts lenkt mich ab, wenn ich es nicht zulasse.

In der Kommunikation mit anderen muss ich zwangsläufig konzentrierter sein als Hörende. Als meine Frau vor Jahren selbst die Gebärdensprache erlernte, kam sie oft mit Kopfschmerzen aus dem Unterricht nach Hause. Sie klagte über brennende, tränende Augen, außerdem pochte es in ihrem Schädel. »Man muss sich so konzentrieren!«, jammerte sie, und ich wusste genau, was sie meinte.

An manchen Tagen, wenn ich von vielen Menschen umgeben bin und permanent auf Empfang eingestellt sein muss, habe ich das, was Veronica und ich »Augenmuskelkater« nennen. Mein Sichtfeld schränkt sich dann manchmal ein, ich sehe nicht mehr klar oder habe Sternchen vor Augen. Dann kann es auch vorkommen, dass mir alles zu viel wird. Meistens passiert das, wenn ich gestresst bin, emotional unter Druck stehe oder, was am häufigsten vorkommt, mir nicht genügend Pausen gönne.

—

Während meiner Ausbildung zum Tischler kam es einmal zu einem richtig heftigen Zwischenfall. Ich arbeitete allein in der Werkstatt und werkelte an einem Möbelstück herum. Da ich ein echter Workaholic bin, war ich jeden Tag mindestens zwölf Stunden bei der Arbeit und hängte mich richtig rein. So auch an diesem Tag. Als ich in der Mittagspause während des Essens in der Zeitung lesen wollte, verschwammen plötzlich die Buchstaben vor meinen Augen. Auch Blinzeln half nicht, die Unschärfe zu vertreiben – und als ich später wieder in der Werkstatt war, wurde mir plötzlich, von einer Sekunde auf die andere, schwarz vor Augen. Ich atmete ein paar Mal tief ein und aus. Doch ich sah immer noch nichts.

Scheiße, dachte ich. Mein wichtigster Sinn war mit einem Mal nicht mehr da. Ausgeknipst, wie eine Lampe. Ich tastete mich langsam durch die Werkstatt. Zum Glück kannte ich mich hier aus wie in meiner Westentasche, und so gelang es mir, irgendwie die Aufenthaltsräume zu erreichen, wo ich mein Handy liegen hatte. Es war so ein altes Ding, kein Smartphone wie heute. Und das war mein Glück! Denn ich konnte blind die Tasten betätigen, die damals noch kleine Erhebungen hatten, um das Tippen zu erleichtern.

Irgendwie schaffte ich es, die Nummer meiner Mutter zu wählen. Ohne zu wissen, ob sie rangegangen war oder nicht, rief ich mehrmals ins Telefon: »Gabi, du musst mir helfen. Ich bin in der Tischlerei. Komm her!«

Natürlich konnte ich ihre Reaktion nicht hören. Aber wir hatten einen Code für Notfälle vereinbart. Ich legte meinen Finger auf den Lautsprecher und wartete auf unser Zeichen. Meine Mutter sagte dreimal »ja« – und ich konnte die Vibration durch den Lautsprecher spüren. Einmal »ja« bedeutete Nein. Aber der Lautsprecher hatte dreimal, wenn auch kaum merklich, vibriert – wie beim Morsen. Deshalb wusste ich, dass mein Notruf meine Mutter erreicht hatte.

Eine halbe Stunde später traf sie in der Werkstatt ein und brachte mich auf schnellstem Weg ins Krankenhaus. Ich war immer noch blind. Nicht einmal Lichter sah ich. Es war einfach zappenduster, und mir schlug das Herz bis zum Hals. Ein ums andere Mal dachte ich: Wenn du jetzt auch noch blind wirst, Benjamin, dann ist die Kacke richtig am Dampfen!

In der Notaufnahme verabreichte man mir ein Medikament. Der Arzt erklärte, dass innerhalb von zwei Stunden Besserung eintreten solle – ansonsten würde es schlecht aussehen für mich. Meine Mutter versuchte herauszufinden, was mit mir passiert war. Da sie studierte Ärztin war, reimte sie sich schließlich zusammen: Ich hatte so etwas wie einen Hörsturz erlitten. Nur eben nicht im Ohr, sondern in den Augen, weshalb das Ganze auch Sehsturz oder Augeninfarkt genannt wird. Er entsteht durch Bluthochdruck, dauerhaften Stress oder eine grundsätzliche Veranlagung zur Arterienverkalkung. Wird er nicht sofort behandelt, kann er zur vollständigen Erblindung führen – und das wäre in meinem Fall noch viel schlimmer gewesen als für einen Hörenden, denn ohne meine Augen wäre ich im Leben tatsächlich aufgeschmissen.

Aber ich kam mit dem Schrecken davon, denn nach einigen Stunden klärte sich mein Blick, und ich konnte bald darauf wieder sehen. Bis heute erinnere ich mich jedoch an den Vorfall, denn er hat mir einige merkwürdige kleine Sprenkel im Sichtfeld beschert. Wenn ich eine weiße Wand anschaue, sehe ich viele kleine Fliegenschisse, die sich jedoch nicht auf der Wand, sondern auf meiner Netzhaut befinden. Kein Weltuntergang – aber ein deutliches Signal an mich, es manchmal ein bisschen langsamer angehen zu lassen oder einen mentalen Ausgleich zu suchen.

Ein Moment der Stille

Es kann ein unglaublich berauschendes Gefühl sein, für ein paar Momente dem Treiben um einen herum zu entfliehen. Wenn das Gehirn nicht mehr damit beschäftigt ist, in einem fort akustische Eindrücke zu verarbeiten, hat es mehr Kapazitäten für alternative Wahrnehmungen. Nicht umsonst gibt es viele Menschen, die sich am besten konzentrieren können, wenn sie mit Ohrenstöpseln oder beruhigender Musik arbeiten. Manche laufen zu Hochtouren auf, wenn es draußen dunkel wird – weil es in der Nacht weniger Ablenkung gibt.

Alles, was das Ohr hört, wird vom Gehirn wahrgenommen und abgespeichert, manches an einem Ort für wichtige Dinge, das meiste jedoch im Spamordner. Man kann sich das in etwa so vorstellen wie in einer riesigen Bibliothek: In jeder Sekunde kommen akustische Impulse an, die an einer riesigen Theke in »wichtig« und »unwichtig« einsortiert werden. Ein vorbeifahrendes Auto: unwichtig. Die tratschenden Nachbarn vor dem Fenster: unwichtig. Ein Vogel, der zwitschert: schön, aber unwichtig. Sämtliche Eindrücke wandern in den mentalen Spamordner, in dem all die Informationen landen, die für uns nicht von Bedeutung sind. Erst wenn wir hören, dass zum Beispiel jemand um Hilfe ruft, werden wir aus dem Grundrauschen gerissen – oder auch, wenn es plötzlich zu regnen anfängt, denn das ist eine wichtige Information für uns, wenn wir heute noch das Haus verlassen wollen. Das Hirn ist also ununterbrochen mit der Verarbeitung der akustischen Signale beschäftigt – und stellt so weniger Arbeitsspeicher für die wichtigen Dinge zur Verfügung.

Probier es doch einmal selbst aus, indem du dich für eine gewisse Zeit ganz bewusst dafür entscheidest, nichts zu hören und dich ausschließlich einer bestimmten Tätigkeit zu widmen. Das kann ein Haushaltsputz sein, aber auch, die Einkommensteuererklärung zu machen. Blende für einen Moment alles aus, was über die Ohren einen Weg in dein Gehirn findet und dort Aufmerksamkeit beansprucht. Am einfachsten geht das, indem du Ohrenstöpsel oder schallisolierte Kopfhörer verwendest. Wenn du in Übung bist, verzichtest du im letzteren Fall auch auf Musik. Gib dich der Stille hin – und staune, wie effizient du plötzlich wirst, nur weil deine grauen Zellen nicht damit beschäftigt sind, Thekendienst in der Bibliothek deines Hörsinns zu schieben.

Im Alter von fünf Jahren begann ich mit dem Kampfsport. Meine Mutter war diejenige, die mich auf die Idee brachte, denn sie fand, mir fehlte »etwas Männliches« in meinem Leben. Meine Mutter erzog mich voller Liebe und Empathie, aber behandelte mich manchmal auch wie eine kostbare Blume. Sie lehrte mich Freundlichkeit, Zuvorkommenheit und Nachsicht. Da ich jedoch ohne Vater aufwuchs, befürchtete sie, ich könnte ein bisschen zu weich werden. Also meldete sie mich beim Judo-Training an.

Ich war von der ersten Minute an begeistert. Beim Kampfsport geht es neben der Technik vor allem um die innere Ruhe. Seine Energien zu bündeln, mit sich selbst in Einklang zu sein, sich auf sich und das Gegenüber konzentrieren. Wenn man kämpft, braucht man einen klaren Kopf – und zum ersten Mal hatte ich das Gefühl, dass mein augenscheinliches Defizit mein größter Vorteil war. Da meine Beobachtungsgabe schon als Kind sehr gut war und ich zudem von keinen störenden Geräuschen von außen abgelenkt werden konnte, dauerte es nicht lange, bis ich richtig gut im Judo wurde. Außerdem schult diese Art des Sports die Intuition. Wer immer nur auf das achtet, was er sieht, wird es nie zu wahrer Größe bringen. Man muss ahnen, was der Gegner vorhat, wenn man als Sieger aus einem Kampf hervorgehen will.

Mit elf war mir Judo nicht mehr genug, und ich wandte mich auch anderen Kampfsportarten zu. Aikidō, Thaiboxing, Boxen, Grappling, Escrima, Wing Chun – keine Disziplin war vor mir sicher. Als ich vierzehn wurde, hatte ich nur einen Wunsch: So schnell wie möglich nach China reisen und dort das Kämpfen lernen.

Meine Mutter war, man kann es sich denken, nicht sonderlich angetan von der Idee, ihren einzigen und noch dazu gehörlosen minderjährigen Sohn in ein vollkommen fremdes Land reisen zu lassen. Sie überzeugte mich davon, die Mittlere Reife zu machen. Als ich den Abschluss in der Tasche hatte, saß ich dann quasi schon auf gepackten Koffern.

Ich wollte mein Können endlich perfektionieren, und in meiner Vorstellung ging das nirgendwo so gut wie in Asien. Doch wieder hatte meine Mutter die besseren Argumente und schlug mir eine Ausbildung vor. In meinem Kopf geisterte auch die Idee herum, Sportwissenschaften zu studieren, jedoch würde dem Studium das Abitur vorangehen müssen, und auf das hatte ich gar keinen Bock. Also entschied ich mich für die Ausbildung zum Tischler und trainierte nebenbei mehrmals die Woche verschiedene Kampfsportdisziplinen.

Der Sport war in dieser Zeit mein wichtigster Lebensinhalt und ein wunderbarer Ausgleich. Ich bin oft rastlos und hatte lange Zeit Probleme, meine Energie zu kanalisieren, doch dank des Kampfsports kann ich mich bis heute körperlich so richtig austoben. Das baut nicht nur Stress ab, sondern hilft mir auch, ruhiger zu werden. Da die meisten Disziplinen auch Meditation beinhalten, erlernte ich außerdem zahlreiche Techniken, die mich lehrten, »runterzukommen«, wenn mir die Welt um mich herum wieder einmal zu viel wurde.

Manchmal, wenn ich schlecht drauf war und zu Hause reinplatzte und die Luft verpestete, sagte meine Mutter zu mir: »Ich höre dir gern zu, du kannst mir von jedem Problem erzählen. Aber erst mal gehst du zum Sport.« Also schleppte ich mich mit mieser Laune ins Training. Wenn ich dann nach Stunden ausgepowert wieder zurückkam, fragte meine Mutter: »Willst du jetzt reden?« Aber ich zuckte dann immer nur mit den Schultern, lächelte und sagte: »Nö.«

Mir ging es nie darum, beim Sport irgendwelche Preise zu gewinnen. Ich wollte immer nur besser werden, über mich hinauswachsen. Nachdem ich meine Ausbildung als Tischler abgeschlossen hatte, stand ich wieder vor der Frage: Wie geht es weiter? China war immer noch eine Option, aber aus einem Grund, den ich mir heute nicht erklären kann, fand ich das Land nun nicht mehr so reizvoll wie ein paar Jahre vorher. Ich überlegte. Eine Weile lang war ich in Hamburg von einem Großmeister im Kung-Fu unterrichtet worden, doch nach ein paar Jahren war er in die USA gegangen. Ich hatte ihn damals schon gefragt, ob ich nicht mitkommen könne, weil ich unbedingt weiter mit ihm trainieren wollte. Sollte ich in die Staaten gehen und dort bei meinem alten Großmeister trainieren? Es wäre den Aufwand sicher wert.

Also ging ich nach Hawaii. Dort lebte der Großmeister, Begründer eines neuen Kampfsportstiles, eine amerikanische Weiterentwicklung des hawaiianischen Kajukenbos und verschiedener chinesischer Kampfkünste. Die Insel versprach außerdem immer gutes Wetter, der Ozean war direkt vor der Nase – und ich wollte Surfen lernen. Also buchte ich ein Ticket und packte meine Tasche. Ich weiß, dass es unglaublich klingt, aber genauso spielte sich das Ganze ab. Ich kaufte keinen Reiseführer, buchte aus Deutschland keine Unterkunft und paukte keine ASL-Gebärden. Ich setzte mich einfach in ein Flugzeug und flog nach Hawaii. Ich war unglaublich naiv damals – aber auch so mutig, dass mir davon heute noch schwindelig wird.

Auf Hawaii angekommen, checkte ich im erstbesten Hostel ein. Ich hatte keinen Plan, nur meinen Rucksack und jede

Menge Gottvertrauen im Gepäck. Außerdem hatte ich ein bisschen Geld angespart, um in den ersten Wochen über die Runden zu kommen. Schon am zweiten Tag meines Abenteuers spazierte ich ganz einfach zu meinem alten Großmeister und fragte, ob ich am Training teilnehmen dürfe. Man lud mich ein, und ich machte meine Sache offenbar gut, denn in den kommenden Wochen war ich jeden Tag stundenlang im Training und saugte alles auf, was man mir beibrachte. Außerdem suchte ich mir einen Nebenjob, denn was ich bei meinem super Plan nicht beachtet hatte: Hawaii ist wahnsinnig teuer. Und obwohl ich bei meinem Großmeister wohnen durfte, gingen meine bescheidenen finanziellen Vorräte viel schneller zur Neige, als ich kalkuliert hatte.

Da ich kein dauerhaftes Visum für Amerika hatte, konnte ich immer nur drei Monate am Stück im Land bleiben und musste dann für mindestens zwei Wochen ausreisen. Ein nerviges und vor allem teures Unterfangen! Trotzdem liebte ich jeden Tag auf der Insel im Pazifik. Ich lebte nur für den Sport und übte fünf bis acht Stunden am Tag, sechs bis sieben Tage die Woche.

2005 war es dann endlich so weit: Ich legte die Schwarzgurtprüfung vor achtzehn Großmeistern ab und wurde als »Real intelligent Warrior« ausgezeichnet. Die Prüfung dauerte sechs Stunden und war unfassbar anstrengend. Aber ich war richtig stolz, als einer der ganz wenigen Deutschen und vor allem Gehörlosen die Auszeichnung erreicht zu haben.

Solange man sein Ziel klar vor Augen hat, geht man oft unbeirrt seinen Weg und entfesselt Kräfte, von denen man nicht wusste, dass man sie hat. Nachdem ich meine Prüfung, auf die ich lange hingearbeitet hatte, bestanden hatte, arbeitete ich als Trainer für die Navy Seals und die Marine. Doch im Laufe der Zeit wurde ich immer unzufriedener. Denn wenn ich ehrlich war, ging mir das permanente gute Wetter allmählich auf den Keks. Schließlich bin ich ein Hamburger Jung, und der andauernde blaue Himmel und Sonne an 365 Tagen im Jahr schlugen mir tatsächlich aufs Gemüt. Ich vermisste die Jahreszeiten, das Schietwetter, den grauen Himmel. Es nervte mich, dass ich auf Hawaii nicht einmal merkte, wenn ich ins Meer watete, denn die Wassertemperatur war kaum kühler als die der Luft.

Mein Großmeister wünschte sich, dass ich auf Hawaii blieb. Genau genommen, und darauf bin ich noch immer stolz, sagte er, er wünsche sich tausend Benjamins und auch, dass ich mit ihm gemeinsam eine neue Schule aufbauen würde. Doch inzwischen hatte ich eine eigene Kampfkunstdisziplin erarbeitet, in der es weniger um die Show ging als beim Kung-Fu: den Wun Boxing Thai Style (kurz »WBT Defence«), eine Mischung aus vielen Kampfstilen, insbesondere aus Boxen und Selbstverteidigung, aber viel männlicher, stärker, purer. Und wenn ich ehrlich war, wollte ich nicht mehr am Rockzipfel eines anderen hängen, sondern endlich unabhängig sein. Es dauerte eine Weile, bis ich mich schließlich zu einer Entscheidung durchrang, doch im Jahr 2008 war es dann so weit: Ich buchte ein Ticket nach Hamburg, diesmal ohne Rückfahrschein. Meine Zeit auf Hawaii war vorbei, nun lag ein neuer Lebensabschnitt vor mir.

Im Dezember 2008 eröffnete ich in meiner Heimatstadt Hamburg im schönen Bezirk Ottensen eine eigene Kampfsportschule mit dem Namen WBT DEFENCE. Dort bot ich Kurse für Kinder, Jugendliche und Erwachsene in allen möglichen Kampfsportdisziplinen an, unter anderem auch meiner eigenen. Ich war Geschäftsführer, CEO, Buchhalter, Marketingchef, Trainer, Putzfrau und Tresenkraft in einem, denn ich machte am Anfang alles allein. Die meisten meiner Kursteilnehmer waren hörend, aber schließlich sprach sich in der Gehörlosen-Community der Hansestadt herum, dass ein Tauber eine Kampfsportschule führte, und auch ein paar Gehörlose kamen zu mir – wenn sie auch nur etwa fünf Prozent meiner Schüler ausmachten. Es dauerte eine Weile, bis ich den Dreh heraushatte, sie zu unterrichten, denn für Nicht-Hörende muss der Unterricht anders aufgebaut sein als für Hörende – immerhin können sie nicht gleichzeitig zuhören und die Schritte des Lehrers beobachten. Alles dauert etwas länger, die Abläufe müssen häufiger wiederholt werden, ehe sie in Fleisch und Blut übergehen – aber bald schon wusste ich, was meine gehörlosen Schüler von mir brauchten.

Dennoch war ich vor meinen ersten Einsätzen als Lehrer total gestresst. Vor allem mit den Hörenden – denn ich konnte nur hoffen, dass die Kommunikation mit ihnen genauso funktionieren würde wie auf Hawaii mit meinen Sparringspartnern und Schülern. Mein Verdauungsapparat machte mir gerade im ersten Jahr oft zu schaffen, mir schlug die Anspannung wortwörtlich auf den Magen, aber ich biss mich durch und gab mein Bestes.

Als Kampfsportlehrer ist es nicht wichtig, selbst der Beste seiner Art zu sein. Was bringt es, von einem Weltmeister unterrichtet zu werden, wenn der didaktisch nichts auf dem Kasten hat? Auch ein Mathegenie kann nicht zwangsläufig gut unterrichten. Man muss als Lehrer motivieren und begeistern können und immer im Blick haben, was für den Schüler am besten ist. Viele Kämpfer, vor allem die Profis, sind so fokussiert und von sich eingenommen, dass sie für andere keine Antennen mehr haben. Als Lehrer bist du jedoch immer beim anderen. Du beobachtest und leitest an, bist Freund, Bruder, Vaterfigur und Trainer in einem. Im Sport, egal bei welcher Disziplin, lernt man sehr schnell, welche Schwächen und Stärken man hat, und wird unweigerlich auch mit sich selbst konfrontiert. Bewegung übt sich positiv auf unser Selbstwertgefühl, unsere Wahrnehmung und unser Körpergefühl aus. Außerdem funktioniert der Sport ganz ohne Worte – das ist schön, vor allem für Gehörlose. Man kommuniziert ausschließlich mithilfe des Körpers, dabei ist es vollkommen egal, ob man selbst hören oder sprechen kann. Im Kung-Fu interessiert es meinen Sparringspartner nicht, ob ich gehörlos bin. Wenn man auf die Matte geht, muss man alles hinter sich lassen. Man kann den Angriff nicht hören, nur sehen. Darum ist da der Hörsinn beim Kampfsport unwichtig.

Ich setze zum Unterrichten meine Hände und meine Augen ein, bei Hörenden auch meine Stimme. Ich nutze die Mittel, die ich habe, um zu kommunizieren. Mein Mantra lautet: Taten statt Worte. Ich möchte nicht lange um den heißen Brei herumreden, das kann ich auch gar nicht. Ich will stattdessen Gelegenheiten beim Schopf packen und allen, die Hilfe brauchen, Möglichkeiten aufzeigen, wie sie in Aktion treten können. Ich verstehe mich selbst als Botschafter zwischen der hörenden und der gehörlosen Welt. Und ich weiß: Nur wenn wir uns alle ein wenig in Bewegung setzen, werden wir uns in der Mitte treffen können. Uns steht nichts im Wege – höchstens unsere Vorurteile. Ich habe es mir zur Aufgabe gemacht, ebendiese Vorurteile abzubauen.

Darüber hinaus ist gerade der Kampfsport perfekt dafür geeignet, die eigene Reaktionsfähigkeit und Beobachtungsgabe zu schulen. Bevor das Auge gesehen und ans Hirn weitergeleitet hat, dass sich dein Gegner auf dich zubewegt, spürst du die Vibration des Bodens, bemerkst du die Energie, die vom anderen ausgeht und auf dich zukommt. Man konzentriert sich in einem Kampf unweigerlich auf das Wesentliche, wenn man nicht binnen Millisekunden auf der Matte liegen will: auf das Hier und Jetzt.

Kampfsport hilft außerdem, Ängste abzubauen. Es stärkt das Selbstvertrauen und ist somit ein perfektes Tool, um vor allem Kindern, die Probleme mit Aggressionsbewältigung oder Mobbing haben, zu helfen. Auch bei psychischen Erkrankungen kann es eine gute Idee sein, sich ein paar Mal in der Woche auf der Matte oder im Ring auszutoben. Die Körperhaltung, der Ausdruck und die Selbstwahrnehmung werden verbessert, überdies lernt man verschiedene Techniken, um sich gegen alle möglichen Angriffe zur Wehr zu setzen – und damit meine ich nicht, dass man jeden Mitschüler oder Kollegen, der einen blöden Kommentar macht, gleich über die Schulter fliegen lassen oder k.o. boxen muss. Allein die Tatsache, dass man weiß, man ist dem anderen nicht hilflos ausgeliefert, führt zu mehr Nachsicht und Ruhe in Konfrontationen mit anderen.

Im Grunde handelt es sich beim Kampfsport um ein Überlebenstraining für den Alltag. Denn die wichtigste Erkenntnis, die ich in mehr als dreißig Jahren als aktiver Kampfsportler gewonnen habe, ist: Alle guten Dinge brauchen Zeit. Übung macht den Meister – und bekanntermaßen fallen die nicht vom Himmel. Es ist in jeder Situation des Lebens wichtig, sich seiner selbst bewusst zu sein. Wahrzunehmen, wie man steht, richtig zu atmen und den Körper mit Sinn und Verstand, Herz und Intuition einzusetzen. Die innere Balance ist dabei von größter Bedeutung. Unsere Welt wandelt sich in rasantem Tempo. Den ganzen Tag lang werden wir beschallt, prasseln Eindrücke auf uns ein. Es ist nicht schwer, sich dem Treiben einfach hinzugeben, aber allzu oft verwandelt sich das muntere Kreiseln in einen Strudel, dem man sich kaum noch entziehen kann.

Während der zehn Jahre, die ich meine Kampfsportschule betrieb, traf ich besonders häufig auf Kinder, die zu Wutausbrüchen neigten. Einmal kam eine vollkommen verzweifelte Mutter zu mir, die mir berichtete, dass ihr fünfjähriger Sohn im Kindergarten andere Kinder beiße und sich ausgesprochen aggressiv zeige. Ich bot ihr an, mir den Kleinen im Einzeltraining einmal anzusehen. Spielerisch und sehr behutsam gewann ich sein Vertrauen und fand schließlich heraus, dass der Junge Angst vor Menschen, besonders vor anderen Kindern hatte. Ich überlegte mir mit ihm zusammen kindgerechte Strategien, um mit seiner Angst umzugehen. Ein Vorschlag war beispielsweise, dem anderen Kind zu sagen: »He, du kommst mir gerade ein bisschen zu nahe«, und wegzugehen. Etwa ein halbes Jahr lang kam der kleine Mann zu mir, dann konnte er wieder in seine Kindergartengruppe integriert werden und hat seit diesem Tag niemanden mehr gebissen.

Wenn ich mit Kindern arbeite, achte ich immer darauf, dass es einen Wechsel zwischen Spiel und Technik gibt, damit sie motiviert sind und Spaß haben und sich nicht überfordert fühlen, so wie ich damals in der Schweiz. Ich kann Kinder gut »lesen« und weiß oft, was ihr Problem ist. Sie bauen schnell Vertrauen zu mir auf, auch ohne Worte.

Mit Kindern ist es wichtig, auf Augenhöhe zu kommunizieren – aber das gilt natürlich auch für Jugendliche und Erwachsene. Meine Mission als Kampfsportlehrer war immer: vorleben statt predigen. Ich freute mich, wenn mir ein Heranwachsender verlegen erzählte, dass ich ein Vorbild für ihn sei. Gleichzeitig spürte ich die enorme Verantwortung, die damit einhergeht. Denn wer ein Vorbild ist, steht automatisch in der Verantwortung, das Vertrauen des anderen nicht zu enttäuschen. Aus meiner eigenen Erfahrung in der Schweizer Schule war mir außerdem immer wichtig, meinen Unterricht liebevoll, nachsichtig und individuell zu gestalten. Mit Strenge und übertriebener Disziplin, da bin ich mir wirklich ganz sicher, lernt niemand gut.

Stattdessen versuchte ich, meinen Schülern beizubringen, dem Klang ihrer eigenen inneren Stimme zu lauschen.

Das geht am besten, wenn man gelernt hat, sich aus einer anderen, losgelösten Ebene heraus selbst zu betrachten. Wenn der Lärm verklingt, kann man die Gedanken hören – und übt sich so automatisch in Achtsamkeit. Dabei handelt es sich um eine besondere Form der Aufmerksamkeit, die es erlaubt, alles, was um einen herum und im eigenen Inneren passiert, wahrzunehmen und ohne Vorurteile oder Bewertungen, gar Beurteilungen, zuzulassen. So kann man zu innerer Ruhe finden, zu Klarheit gelangen und tolle Beobachtungen machen.

Das Gegenteil von Achtsamkeit ist unbewusstes Sein. Die meisten Alltagshandlungen finden im Autopilot-Modus statt: Zähne putzen, Kaffee kochen, Wäsche aufhängen. All das tun wir häufig, ohne auch nur eine Sekunde darüber nachzudenken. Warum? Weil das Ressourcen spart. Manchmal sind wir regelrecht in Trance, zum Beispiel beim Autofahren, wenn wir plötzlich nicht mehr wissen, wie wir die letzten fünfzig Kilometer hinter uns gebracht haben. Das ist ganz normal, verleitet uns allerdings dazu, die Welt um uns herum nicht mehr bewusst wahrzunehmen.

Keiner kann in jeder Sekunde seines Lebens bewusst und achtsam sein, denn so erfüllend und schön die Momente der Achtsamkeit sind, so anstrengend können sie auch sein, besonders, wenn man gerade erst damit beginnt. Allerdings haben wir alle die Möglichkeit, immer wieder einen Moment innezuhalten und die Aufmerksamkeit auf das zu lenken, was gerade passiert. Den eigenen Gedanken und Gefühlen Raum zu geben, wahrzunehmen, wie wir Situationen empfinden, ohne diese Wahrnehmung zu bewerten, führt zu mehr Qualität und Zufriedenheit im Leben. Wir sind uns unserer selbst bewusster und können dementsprechend gelassener handeln.

Jeder kennt beispielsweise diese Tage, an denen man mit dem falschen Fuß aus dem Bett gestiegen ist. Man kann es an nichts Konkretem festmachen, aber irgendwie ist der Wurm drin. Unbewusste Menschen lassen ihre schlechte Laune dann gern an anderen aus oder tragen eine Sieben-Tage-Regenwetter-Miene zur Schau. Das ist schlecht für alle: für einen selbst und die Umwelt, die die negative Energie natürlich zu spüren bekommt. Bewussten oder achtsamen Menschen gelingt es an solchen Tagen, die schlechte Laune zur Kenntnis zu nehmen und zu begreifen, dass sie ihren Ursprung im eigenen Inneren hat. Sie halten einen Moment inne, nehmen die eigene Stimmung wahr und entscheiden dann, wie sie mit ihr umgehen. Egal, ob sie sich dazu entschließen, die miese Laune in eine gute umzuwandeln, ihr gestatten, sich Ausdruck zu verleihen oder den Tag einfach als »doof« zu den Akten zu legen: Sie werden sich selbst darüber bewusst, dass das Umfeld nichts für die eigene Gemütsverfassung kann und deshalb auch nicht in den Genuss der negativen Energie kommen muss. Möglicherweise wird auch ein achtsamer Mensch an einem solchen Tag nicht pfeifend und singend die Straße entlanglaufen – aber das eigene Umfeld nicht mit seiner schlechten Stimmung zu belästigen, ist schon mal ein guter Anfang.

Positiver Nebeneffekt von Achtsamkeitstraining ist außerdem, dass wir beispielsweise in Stresssituationen unbewusste, impulsive Reaktionen verringern können. Wenn wir in der Lage sind zu erkennen: Huch, das verletzt mich jetzt aber!, können wir reflektiert und bewusst entscheiden, was genau da in uns arbeitet. Ist es wirklich die Aussage oder Tat eines anderen? Oder ist es vielleicht auch etwas, das einzig und allein mit mir zu tun hat? Bin ich möglicherweise selbst dafür verantwortlich, was ich fühle – und nicht mein Gegenüber?

Das schult im Übrigen auch die emotionale Intelligenz. Darunter versteht man die Fähigkeit, Gefühle wahrzunehmen, zu verstehen und zu beeinflussen – von sich und von anderen. Der Begriff ist eng mit dem Konzept von Empathie verknüpft, da emotionale Intelligenz immer voraussetzt, dass man dazu befähigt ist, sich in sein Gegenüber hineinversetzen zu können. Gerade als Gehörloser bin ich immerzu damit beschäftigt, »in den Schuhen eines anderen zu gehen«, oder wie man im Englischen sagt: »to walk a mile in someone else's shoes«. Da ich nicht alle Wörter lesen kann, die man mir sagt, muss ich zwangsläufig ein Gefühl für mein Gegenüber entwickeln und mir immer wieder vorstellen, wie er oder sie sich gerade fühlt oder welche Gedanken und Meinungen aus seiner oder ihrer Perspektive Sinn ergeben. Von Veronica weiß ich, dass sie in Bezug auf ihre eigene emotionale Intelligenz viel gelernt hat, seitdem sie mit mir zusammenlebt. Auch ihr Leben ist intensiver geworden, seitdem sie versucht, die Welt durch meine Augen beziehungsweise Ohren wahrzunehmen.

Für mich wäre die Welt ein schönerer Ort, wenn alle versuchen würden, ein wenig mehr Mitgefühl, Achtsamkeit und Bewusstsein in den Alltag einzubauen. Das können Kleinigkeiten sein: ein freundliches Lächeln beim Bäcker. Eine tröstende Geste für einen gefrusteten Kollegen. Oder eine wildfremde, niedergeschlagene Person fragen: »Geht es dir gut? Kann ich etwas für dich tun?« Das passierte Veronica einmal am Flughafen, als sie traurig und gedankenverloren aus dem Fenster starrte und sich plötzlich die Frau auf dem Platz neben ihr zu ihr umdrehte und fragte: »Ist alles okay bei dir?« Bis heute erzählt sie staunend von dieser kleinen Episode – staunend, weil sie ihr so in Erinnerung geblieben ist. Eigentlich schade, denn eine Freundlichkeit tut nicht weh, und jeder kann sie aufbringen. So kann jeder dazu beitragen, dass die Welt ein etwas schönerer Ort wird.

Die Sprache des Herzens

Achtsamkeit kann Kommunikation und das zwischenmenschliche Miteinander in ganz neue Sphären heben. Vielleicht findest auch du dich manchmal in Situationen wieder, in denen du nicht weißt, wie du reagieren sollst oder in denen du deine eigene impulsive Reaktion gern besser kontrollieren würdest? Die folgenden Fragen helfen dir, beim nächsten Mal, wenn du zum Beispiel unverhältnismäßig scharf kritisiert, beleidigt oder angemeckert wirst, den berühmten Schritt Abstand zu nehmen und mit mehr Gelassenheit zu reagieren.

1. **Aufmerksamkeit.** Was hat jemand zu dir gesagt? Benenne die Fakten, ohne sie zu bewerten, zu beurteilen oder zu

interpretieren. Versuche den Sachgehalt herauszufiltern und die Emotionen beziehungsweise den Tonfall deines Gegenübers beiseitezulassen.

2. **Beobachtung.** Was lösen die Aussagen deines Gegenübers in dir aus? Welche Gefühle tauchen auf? Nimm sie wahr, ohne sie zu bewerten, zu verurteilen oder kleinzureden.

3. **Reflexion.** Wofür stehen diese Gefühle? Auf welche deiner Bedürfnisse machen sie dich aufmerksam? Vielleicht bist du ihnen schon früher begegnet und kennst sie bereits. Begrüße sie wie einen alten Bekannten, den du lange nicht mehr gesehen hast. Oder freue dich, dass du sie zum ersten Mal wahrnimmst und empfange sie mit einer innigen Umarmung.

4. **Dankbarkeit.** Jede Kritik, jede Verletzung und jede Krise ist eine Chance zum Wachstum. Du hast gerade die Möglichkeit bekommen, dich selbst ein bisschen besser kennenzulernen. Bedanke dich bei deinem Gegenüber für diese Gelegenheit – dabei ist es nicht wichtig, ob du diesen Dank wirklich aussprichst oder nur in Gedanken formulierst. Der andere wird deine wohlwollende Grundhaltung bemerken, auch wenn du sie nicht artikulierst.

5. **Bedürfnisse.** Deine Gefühle stehen für Bedürfnisse, die du tief in deinem Inneren verspürst. Um welche Bedürfnisse handelt es sich dabei? Wie kannst du sie zum Ausdruck bringen? Welche Wünsche kannst du an dein Gegenüber adressieren, damit deine Bedürfnisse in Zukunft mehr Beachtung bekommen?

6. Empathie. Hast du verstanden, was dein Gegenüber in dir auslöst, bist du in der Lage, dich ihm oder ihr zuzuwenden? Frage dich: Wie geht es ihm oder ihr? Welche Gefühle verspürt er oder sie gerade? Was braucht er oder sie? Was sind seine oder ihre Bedürfnisse? Was möchte er oder sie zum Ausdruck bringen?

Schicksal

Wenn's einfach wär, würd's jeder machen

Es war im Sommer 2014, als meine Mutter vom Fahrrad fiel. Da war sie 67. Eigentlich keine große Sache, möchte man denken. Doch für unsere kleine Familie war es der Anfang vom Ende.

Denn es gelang ihr nach dem Sturz nicht mehr, wieder allein auf die Beine zu kommen. Passanten mussten ihr helfen, und auch als sie wieder stand, konnte sie sich kaum auf den Füßen halten. Da meine Mutter Medizin studiert hat, wusste sie, dass es oft die kleinen Anzeichen sind, die am Ende zu einer großen Diagnose führen. Also ging sie in eine Privatarztpraxis und wurde direkt ins MRT geschoben.

Die Ärzte fanden einen tennisballgroßen Tumor im Gehirn. »Den können sie aber rausschneiden«, meinte sie zuversichtlich ein paar Tage vor der Operation. »Und wenn er gutartig ist, machen wir eine Flasche Champagner auf.«

Doch ich war nervös. Auch wenn meine Mutter in den vergangenen Tagen alles gegeben hatte, um gute Laune zu verbreiten, spürte ich einen riesigen Kloß in meinem Hals. Gehirnoperationen sind immer riskant, und selbst wenn während dem Eingriff alles gutgeht, können minimalste Verletzungen des Gewebes für schwere Folgeschäden sorgen. Die Angst um meine Mutter schnürte mir die Kehle zu. Da ich keinen Kontakt zu meinem Vater und keine Geschwister habe, war sie meine nächste Verwandte und die wichtigste Person in meinem Leben. Außer ihr hatte ich nur Veronica, die für mich aus den Staaten nach Deutschland gekommen war, um mit mir zu leben.

Die Beziehung zu meiner Mutter war schon immer eine besondere. Ich weiß nicht, ob es jedem Einzelkind so geht, doch das Band, das uns Zeit ihres Lebens miteinander verband, war sehr stark. Für mich war sie einst in die Schweiz gezogen, um mich nach bestem Wissen und Gewissen in meiner Ausbildung zu unterstützen. Sie glaubte immer an mich, egal ob es um meine sportlichen Erfolge ging, meine Ausbildung oder meine Fähigkeit, mich in der Welt zurechtzufinden. In meiner Kindheit und Jugend hatten wir tolle Reisen zusammen unternommen, waren quer durch Europa und auch nach Übersee gereist – immer nur wir beide, Mutter und Sohn. Unsere Beziehung war innig, und ich wünschte mir nichts mehr, als dass sie schnellstmöglich wieder gesund werden würde.

Meine Mutter war fünf Stunden am Gehirn operiert worden, und ich hatte vor der Intensivstation gewartet. Ich hatte große Sorge, dass sie mich nicht wiedererkannte nach dem Aufwachen.

Irgendwann kam ein Pfleger heraus und sagte zu mir: »Ihre Mutter ist wach und würde Sie gern sehen.« Er zwinkerte mir zu. »Sie freut sich auf Sie.«

Ich betrat das Zimmer. Meine Mutter lag im Bett und wirkte noch etwas benommen. Sie sah so zerbrechlich aus. Ihre Haut war fahl, die Wangen eingefallen. Um den Kopf hatte man ihr einen riesigen, furchteinflößenden Verband gelegt. Das sonst so strahlende und wache Gesicht wirkte müde.

»Benjamin?«, fragte sie mich. »Wann ist denn die OP? Bin ich nicht langsam mal dran?«

Ich ging auf sie zu und nahm ihre Hand, in der noch eine Kanüle steckte. »Die Operation war schon, Gabi. Du bist durch.«

Ein Lächeln erhellte das Gesicht meiner Mutter. Dann streckte sie zu meiner Überraschung die Faust in die Höhe und rief: »Hurraaaaa! Ich hab es geschafft!« Dann lächelte sie. »Hast du die Flasche Champagner dabei?«

Ich atmete vor Erleichterung laut aus. Mir fiel ein riesiger Stein vom Herzen, und ich konnte nicht verhindern, dass sich eine einzelne Träne aus meinem Augenwinkel stahl und mir langsam über die Wange rann. In diesem Moment war ich mir ganz sicher: Meine Mutter würde wieder gesund werden. Der Tumor war entfernt. Sie würde bald schon wieder durch die Stadt radeln können, mit mir auf Reisen gehen, arbeiten …

Ich stand auf, beugte mich über ihren schwachen, kranken Körper und umarmte sie so fest, wie ich mich traute – denn es steckten noch alle möglichen Schläuche in ihr, und ich wollte ihr nicht wehtun.

In diesem Moment ging die Tür auf, und ein Rudel weißbekittelter Ärzte kam herein.

»Frau Piwko! Sie sind ja schon wach«, begrüßte der Älteste der Doktoren meine Mutter und trat an ihr Bett. »Ich bin der Oberarzt, Dr. Meier. Wie fühlen Sie sich?«

»Nun ja«, erwiderte meine Mutter langsam, »es wird wohl noch eine Weile dauern, bis ich wieder auf Bäume klettern kann.«

Die Ärzte lächelten höflich. In dieser Sekunde fiel mir auf, dass die Körperhaltung des Oberarztes angespannt wirkte. Während er meiner Mutter erklärte, wie die Operation verlaufen war und dass sie den Tumor vollständig aus dem Gewebe hatten entfernen können, studierte ich seine Mimik. Er hatte die Stirn in tiefe Falten gelegt und einige harte Züge um den Mundwinkel. Das schien auch meiner Mutter aufzufallen.

»Sagen Sie mir die Wahrheit«, forderte sie den Arzt auf.

Er zögerte. »Wir gönnen Ihnen jetzt erst mal ein paar Stunden Ruhe, und dann reden wir weiter. Ja?«

»Nein«, erwiderte meine Mutter. »Ich will jetzt wissen, was los ist.«

Dr. Meier knetete seine Hände. »Frau Piwko, es tut mir sehr leid, aber … Wir haben festgestellt, dass der Tumor Metastasen gebildet hat. Ich bedaure sehr, es sagen zu müssen, aber sie sind im ganzen Körper verteilt. Die Leber, die Nieren, und auch die Lunge … Wir werden noch mehr Tests durchführen, um uns ganz sicher zu sein. Aber es sieht nicht gut aus.«

Ich zögerte. Was meinte er damit? Hatte ich ihn richtig verstanden? Metastasen im Körper? Wo im Körper? Überall? Konnte man die nicht behandeln? Mit Chemotherapie?

Bestrahlung? Oder einfach rausschneiden wie den Tumor im Gehirn? Sowas war doch möglich! Wir lebten doch in einer der reichsten Industrienationen, unser Gesundheitssystem galt weltweit als eines der besten. Was tat ihm also leid?

Die Ärzte verabschiedeten sich und ließen meine Mutter und mich allein. Ich blickte sie an und sah, wie ein Ruck durch ihren Körper ging.

»Ich bleibe nicht hier!«, rief sie, richtete sich auf und riss den Infusionsschlauch von der Kanüle. »Bring mich hier raus, Benjamin, ich muss an die frische Luft!«

»Gabi!« Ich war entsetzt. Sie war doch gerade erst aus der Narkose erwacht, da konnte ich sie doch nicht nach draußen bringen.

»Nun bring mir schon einen Rollstuhl!«

»Die Ärzte haben gesagt, du sollst dich ausruhen …«

»Ich lasse mir nicht vorschreiben, was ich zu tun oder zu lassen habe.«

Meine Mutter war eine durchsetzungsstarke Frau, die sich, wenn sie sich einmal etwas in den Kopf gesetzt hatte, nicht mehr von der Sache abbringen ließ. Und sie wollte nicht auf der Intensivstation bleiben. Also besorgte ich einen Rollstuhl, hob sie aus dem Bett und schob sie raus an die frische Luft.

Dort sagte ich zu ihr: »Gabi, du kannst nicht einfach so aus dem Krankenhaus abhauen. Du wurdest am Gehirn operiert.«

»Ich will nicht mehr auf der Intensivstation bleiben!«, sagte sie bestimmt.

»Okay. Da finden wir eine Lösung. Aber du bleibst im Krankenhaus. Einverstanden?«

Sie gab sich geschlagen. Im Grunde wusste sie ja auch, dass sie nicht einfach so nach Hause gehen konnte, kurz nachdem man ihr den Kopf aufgeschnitten hatte. Ich konnte sie dazu überreden, in der Klinik zu bleiben, und überzeugte die Ärzte davon, dass sie auf die normale Station verlegt wurde.

Als ich an diesem Tag ins Auto stieg und nach Hause fahren wollte, fiel mein Blick auf die Flasche Champagner, die ich extra noch eingekauft hatte, um auf die Genesung meiner Mutter mit ihr anzustoßen. Sie würde ungeöffnet bleiben, für immer.

Zwei Wochen nach der Operation entließ sich meine Mutter selbst aus dem Krankenhaus. Sie wusste, in der Klinik konnte man nichts mehr für sie tun. Es gab zwar die Möglichkeit, die Krebserkrankung durch eine Chemotherapie für kurze Zeit zurückzudrängen, aber da es keine Hoffnung auf Heilung gab, entschloss sie sich dafür, ihre letzten Monate auf dieser Welt in ihrem gewohnten Umfeld zu verbringen und auf die Nebenwirkungen der Behandlung zu verzichten.

»Ich habe doch keine Lust, mir die Seele aus dem Leib zu kotzen, für nichts und wieder nichts. Ich hab meinen besten Freund daran zugrunde gehen sehen. Nein, das lassen wir schön bleiben. Ich will nach Hause.«

Ich versuchte, sie zu überzeugen. Die Ärzte redeten auf sie ein. Sie machten ihr klar, dass sie in wenigen Monaten sterben würde, wenn sie die Therapie verweigerte. Mit Chemo hätte sie eine gute Chance, noch bis zu fünf Jahre weiterzuleben. Also entschied sie sich für die Behandlung.

Das Problem war allerdings, dass Veronica und ich im Frühjahr beschlossen hatten, im Oktober in Amerika zu heiraten. Veronicas Cousine ist mit einem Pastor verheiratet, der die Trauung nicht nur auf Englisch, sondern auch auf Deutsch vollziehen würde. Wir hatten Freunde aus Deutschland und Veronicas Familie eingeladen. Die Flüge waren gebucht. Viele Menschen, die uns wichtig waren, wollten zu uns nach Amerika kommen, um mit uns unsere Liebe zu feiern. Aber konnten wir das wirklich ohne meine wichtigste Bezugsperson und den einzigen Menschen aus meiner Familie tun? Denn meine Mutter musste mit der Chemotherapie anfangen, sofort.

Was sollten wir tun? Die Hochzeit ohne sie stattfinden lassen? In Deutschland heiraten? Alles abblasen? Mir war ohnehin nicht nach Feiern zumute.

Die Kampfsportschule vernachlässigte ich seit dem Sommer bereits, weil ich mich um meine Mutter kümmerte und so viel Zeit wie möglich mit ihr verbringen wollte. Ich spürte an manchen Tagen regelrecht, dass ich nur mit dem Körper in den Kursen anwesend war, nicht jedoch mit dem Kopf. Da ich meinen Schülern erzählt hatte, wie es meiner Mutter ging, war ich mir sicher, sie hatten Verständnis für die außerordentliche Situation. Doch wie lange?

Konnte ich von meinem Umfeld überhaupt erwarten, dass es die Flüge verfallen ließ, wenn ich die Hochzeit absagte? Wie würde Veronica reagieren? Natürlich sprachen wir ununterbrochen über das Thema, und sie versicherte mir immer wieder, dass sie voll und ganz hinter meiner Entscheidung stand.

Ich wälzte das Problem in meinem Hirn von links nach rechts und wieder zurück, ohne auf eine Lösung meines Dilemmas zu stoßen. Ich hatte Angst, meine Mutter zu verlieren. Aber war es richtig, auch alles andere in Gefahr zu bringen, was mir wichtig war?

»Ich glaube, wir sagen die Hochzeit ab«, sagte ich eines Morgens zu ihr.

»Das kommt überhaupt nicht in die Tüte!«, erwiderte sie in ihrer gewohnt resoluten Art. »Du fliegst nach Amerika und heiratest Veronica. Du wirst dir doch durch deine kranke Mutter nicht die Heirat versauen lassen.«

»Aber Gabi!«

»Ende der Diskussion.«

In diesen Tagen, als ich mir den Kopf darüber zerbrach, wie wir uns in Bezug auf die Hochzeit entscheiden sollten, entdeckte ich in einem Kiosk eine Postkarte mit einem Spruch darauf: *Im Leben geht es nicht darum, gute Karten zu haben, sondern auch mit einem schlechten Blatt zu spielen.* Ich weiß nicht, warum es ausgerechnet ein abgedroschener Kalenderspruch war, der etwas in mir bewegte. Aber in diesem Moment versprach ich mir, mich für die Freude und nicht für den Schmerz zu entscheiden. Ich hatte nur noch ein paar Monate mit meiner Mutter, der es immer schlechter ging, die immer schwächer wurde, vielleicht blieben uns sogar nur Wochen. Na und? Beinahe trotzig nahm ich mir vor, die Zeit mit Gabi mit Positivem zu füllen. Trauern konnte ich später immer noch. Dafür hatte ich ein ganzes Leben lang Gelegenheit. Wieso sollte ich jetzt schon damit anfangen, wenn meine Mutter doch noch lebte? Warum sollte ich dem Tod diese Chance geben und sie dem Leben verweigern?

Es fühlte sich falsch an. Und ich hatte ein furchtbar schlechtes Gewissen. Doch im Oktober 2014 verließ ich meine Mutter für zehn Tage, um meine Freundin Veronica in den Staaten zu heiraten. Ich lernte eine wichtige Lektion in dieser Zeit, so hart es auch war: Das Leben geht weiter.

Heute weiß ich, dass jedem Menschen in seinem Leben Dinge widerfahren, die ihn an die Grenze seiner Belastbarkeit bringen. Dabei entscheidet jeder ganz individuell, wo diese Grenze liegt. Manche fallen schon bei einem kleinen Windstoß um, andere bleiben selbst bei einem Orkan aufrecht stehen. Man spricht bei Letzteren davon, dass sie über eine hohe seelische Widerstandskraft oder Resilienz verfügen. Damit ist die Fähigkeit gemeint, auch schwierige Situationen des Lebens zu überstehen, ohne allzu schwere Schäden davonzutragen.

In den Fünfzigerjahren begann eine amerikanische Psychologin mit einer bis dato einzigartigen Studie. Über vierzig Jahre lang untersuchte sie siebenhundert Kinder auf der hawaiianischen Insel Kauai auf ihre Resilienz. Etwa ein Drittel der Kinder kam aus schwierigen Verhältnissen, lebte in Armut oder wurde von psychisch kranken Eltern erzogen und hatte keinen Zugang zu guter Bildung. Nun sollte man meinen, dass sich diese Kinder im Laufe der Zeit schlechter entwickelten als die vom Schicksal begünstigten.

Doch die Psychologin fand heraus, dass etwa dreißig Prozent der »gefährdeten« Kinder eine sehr gute seelische Widerstandsfähigkeit hatten, vor allem dann, wenn es eine Vertrauensperson außerhalb des familiären Umfelds als emotionale Unterstützung gab oder sie früh Verantwortung übernehmen mussten. Die Psychologin schloss daraus, dass Resilienz sowohl durch einen von Geburt an vorhandenen allgemeinen Lebensmut als auch durch äußere Faktoren entsteht.

Bis heute sind sich die Forscher nicht gänzlich einig, weshalb manche Menschen resilienter sind als andere. Klar ist jedoch, dass seelische Widerstandskraft bedeutet, Herr über seine eigenen Gefühle und Wahrnehmungen zu sein. Resiliente Menschen haben seltener unkontrollierte Gefühlsausbrüche als weniger resiliente und verfügen über die Fähigkeit, sich von ihren eigenen Emotionen zu distanzieren und das Problem, den Konflikt, den Schicksalsschlag oder was auch immer sie aus dem Gleichgewicht bringt, rational zu betrachten.

Selbsttest: Bist du resilient?

Vielleicht bist du dir momentan noch nicht sicher, wie groß deine seelische Widerstandskraft ist. Der nachfolgende Test hilft dir dabei, den Grad deiner Resilienz herauszufinden. Lies dir die Aussagen durch und mache rechts im Feld ein Kreuz, wenn du der Meinung bist, dass sie auf dich zutreffen. Kleiner Tipp: Schummeln ist zwecklos. Denn davon hast du dann gar nichts.

Ich bin ein optimistischer Mensch und weiß, dass es nichts bringt, eine Situation schlechtzureden.	
Ich bemitleide mich selten selbst.	
Für mein Leben übernehme ich die Verantwortung.	
Ich glaube an mich und meine Fähigkeiten.	
In meinem Umfeld gibt es viele Menschen, die mir guttun.	
Ich glaube, dass das Leben nicht nur aus Höhen, sondern auch aus Tiefen besteht, die man aber bewältigen kann.	
Der Blick in meine Zukunft erfüllt mich mit Freude.	
Ich nehme mein Leben gern selbst in die Hand.	
Auch bei Problemen, die ich nicht selbst verursacht habe, suche ich nach einer eigenverantwortlichen Lösung.	
Ich habe kein Problem damit, um Hilfe zu bitten.	
In schwierigen Situationen suche ich nach Lösungen, anstatt mich meinem Schicksal zu überlassen.	
Ratschläge von Menschen, deren Meinung mir wichtig ist, nehme ich gern an.	
Ich habe Ziele im Leben, auf die ich aktiv hinarbeite.	

Auflösung

0–4 Kreuzchen: Hoppla! Du bist wohl eher ein Schwarzmaler und hast das Gefühl, dass das Leben dir manchmal wirklich übel mitspielt. Aber gräme dich nicht, denn die gute Nachricht ist: Das muss nicht so bleiben. Resilienz kann man lernen. Wenn du also das Bedürfnis hast, dem Schicksal nicht mehr ausgeliefert zu sein, empfehle ich dir Folgendes: Übe dich häufiger in Gelassenheit und gib nicht jedem kleinen Problem die Chance, dir den Tag zu versauen. Dir ist der Bus vor der Nase weggefahren? Genieße fünf weitere Minuten nur für dich oder laufe zur nächsten Station, dann kommst du ganz schnell auf andere Gedanken. Deine Kollegin war schon wieder fies zu dir? Bring ihr doch mal einen Blumenstrauß mit oder lobe sie für eine Sache, die sie gut gemacht hat. Versuche, neben jedem Horrorszenario der Zukunft auch über die bestmögliche Variante nachzudenken. Je weniger dich die kleinen Dinge des Lebens aus der Bahn werfen, desto besser bist du für die großen Krisen gewappnet.

5–9 Kreuzchen: Toll! Du verfügst über eine gesunde Resilienz. Die alltäglichen Herausforderungen bewältigst du mit links, und so schnell kann man dich nicht aus der Ruhe bringen. Allerdings kann es passieren, dass du an Problemen verzweifelst oder dich in deine Sorgen verbeißt. Da du bereits auf einem guten Weg bist, möchte ich dir ein Mentaltraining ans Herz legen, das dir helfen wird, auch in den dunkleren Stunden ein kleines Lichtlein am Ende des Tunnels zu erkennen. Denn negative Gedanken und die Fokussierung auf Probleme helfen dir nicht, eine Lösung zu finden. Wie wäre es, wenn du dir immer dann, wenn dir die Sorgen mal wieder über den Kopf wachsen, sagst: *Ich bin in der Lage, Verantwortung für mich zu übernehmen, und stelle mich jeder Herausforderung. Ich bin der Gestalter meines eigenen Lebens, das es grundsätzlich gut mit mir meint.*

10–13 Kreuzchen: Herzlichen Glückwunsch! Du bist überdurchschnittlich resilient – dich kann so schnell nichts umhauen. Deine Gelassenheit und deine Fähigkeit, Krisen zu bewältigen, werden von anderen bewundert. Das weißt du aber sicher schon, deswegen möchte ich dich dazu ermuntern, deine seelische Widerstandskraft mit deinem Umfeld zu teilen und so vielen Menschen wie möglich von deinem Optimismus, deiner Zuversicht und deinem Lebensmut abzugeben. Es kann gar nicht genug Lösungen für all die Probleme in der Welt geben – also behalte sie nicht für dich, sondern teile sie mit jedem, der die Bereitschaft dafür zeigt.

Wie dir vielleicht aufgefallen ist, geht es bei der seelischen Widerstandskraft vor allem um eine positive Lebenseinstellung, Eigenverantwortlichkeit, Akzeptanz, Lösungsorientierung, Krisenbewältigung, zwischenmenschliche Bindungen und Zukunftsplanung. Und ja, das alles kann man lernen! Zum Beispiel mithilfe von Seminaren, Büchern, Therapeuten, Coachings und so weiter.

Entscheidend ist in jedem Fall, aus der Opferrolle auszusteigen und bewusst zu entscheiden: Ich habe die Kontrolle. Natürlich nicht darüber, ob ein Mensch, den man liebt, an einer unheilbaren Krankheit erkrankt – das ist ein harter Schlag in die Magengrube, der jeden von uns erst einmal umhaut, egal wie resilient er ist. Doch nun kommt der wesentliche Unterschied: Menschen mit einer hohen seelischen Widerstandskraft akzeptieren, dass sie zu Boden gegangen sind, und bleiben vielleicht einen Moment lang liegen. Dann jedoch entscheiden sie sich ganz bewusst dafür, wieder aufzustehen. Sie mobilisieren alle Kräfte und rappeln sich hoch – manche schneller, manche langsamer, so gut es eben geht. Sie kommen wieder auf die Füße, klopfen sich den Staub von der Hose, atmen zweimal tief durch und machen dann weiter. Für resiliente Menschen ist Liegenbleiben und Jammern keine Option! Sie entscheiden sich immer für den aktiven Weg, anstatt sich passiv dem Schicksal zu beugen – selbst dann, wenn sie kurz darauf wieder einen Schwinger kassieren und erneut auf der Matte landen. Es kann sein, dass sie daraufhin ein paar Augenblicke länger brauchen, um sich wieder hochzurappeln. Aber sie werden aufstehen – denn darin liegt ihre größte Stärke.

Ich gebe zu, es fiel mir nicht leicht, meine Mutter auf ihrem Weg zu begleiten. Es gab viele Momente, in denen ich mein Schicksal und diesen verdammten Krebs, der sie langsam, aber sicher umbrachte, verfluchte. Aber meine Mission war klar: Ich wollte nicht, dass meine Mutter sich in ihren letzten Monaten auf dieser Welt Sorgen um mich machen musste. Vielmehr verspürte ich den großen Wunsch, ihr die verbleibenden Tage auf diesem Planeten so schön wie möglich zu gestalten und in Liebe Abschied von ihr zu nehmen.

Dennoch trieb mich die Angst um, dass sie zu Hause nicht die optimale Versorgung erhielt. Ich versuchte damals, so viel Zeit wie möglich mit ihr gemeinsam zu verbringen, doch ich befürchtete auch, sie nicht zu hören, wenn sie mich rief.

Deshalb beschlossen meine Mutter und ich im Dezember 2014, dass sie in ein Hospiz umziehen würde. Sie hatte mittlerweile große Schmerzen, und ich musste mir eingestehen, dass sie zu Hause nicht mehr die Pflege bekam, die sie brauchte. Es dauerte allerdings noch eine ganze Weile, bis ich eine Einrichtung fand, die bereit war, sie aufzunehmen. Denn immer wieder machte ich die Erfahrung, dass alle Hospizplätze belegt waren. »Ich kann Ihre Mutter auf die Warteliste setzen«, sagte man mir ein ums andere Mal, und in mir wuchs die Verzweiflung.

Eine Warteliste? Fürs Sterben? Machten die Witze?

Ich ließ jedoch nicht locker, und im Januar bekam ich endlich die Zusage, dass meine Mutter ins Hamburger Hospiz im Helenenstift in Altona-Nord kommen könne. Das Helenenstift ist ein typisch norddeutsches Backsteingebäude mit einem wunderschönen Innenhof. In unmittelbarer Nähe befindet sich die ehemalige Stiftskapelle, die heute jedoch nicht mehr für Gottesdienste, sondern als sogenannte »Kirche der Stille«, als Raum der Meditation und inneren Einkehr genutzt wird. Spätestens als ich bei meiner ersten Besichtigung diese kleine Kirche im neugotischen Stil entdeckte, war mir klar, dass wir am richtigen Ort waren.

Ich packte die Sachen meiner Mutter zusammen – was gar nicht so leicht war. Denn was nimmt man mit, wenn man weiß, dass man nicht zurückkommt? Meine Mutter und ich beschlossen, die ganze Angelegenheit mit einer gesunden Portion Pragmatismus anzugehen, und taten so, als würden wir für einen etwas längeren Krankenhausaufenthalt packen. Ich stopfte mehrere Schlafanzüge, bequeme Klamotten, einen Bademantel und ihre Kosmetiksachen in einen Koffer. Bücher, Musik und andere Unterhaltungsmedien konnten hingegen zu Hause bleiben, denn zu diesem Zeitpunkt war meine Mutter bereits so geschwächt, dass es viel zu anstrengend für sie gewesen wäre, in einem Roman zu schmökern. Die starken Medikamente gegen die Schmerzen taten ihr Übriges, weshalb meine Mutter die meiste Zeit über sehr schläfrig war. Selbst Unterhaltungen strengten sie an. Es zerriss mir beinahe das Herz, doch ich hielt mich an einem Gedanken fest: Sie wird nicht für immer leiden. Bald wird sie von ihren Schmerzen erlöst werden und für immer frei sein.

Einen Menschen, den man liebt, sterben zu sehen, ist nie leicht. Irgendwann spürt man, dass man den anderen gehen lassen muss. Es wäre egoistisch, darauf zu hoffen, dass er noch möglichst lange weiterlebt – und damit auch seinen Qualen und seiner Pein ausgeliefert ist. Auch ich ließ meine Mutter irgendwann los. Ich wünschte mir für sie, dass sie nicht mehr lange leiden müsste. Das bedeutete natürlich nicht, dass ich mir ihren Tod wünschte, denn vor dem hatte ich Angst. Aber mir war klar, dass meine Mutter gehen wollte. Und ich konnte unmöglich derjenige sein, der sie aufhielt.

Zwei Wochen lang besuchten Veronica und ich sie täglich im Hospiz, und ich übernachtete auch sehr oft dort. Eines Tages halfen wir meiner Mutter aus dem Bett und machten einen langsamen Spaziergang durch die Flure des Hospizes. Als wir an einem Klavier vorbeikamen, hielt meine Mutter, die Veronica und ich zwischen uns genommen und untergehakt hatten, inne. Sie wandte sich dem Instrument zu, streckte den Arm aus und wischte mit der Hand den Staub vom Deckel. Dann gab sie uns zu verstehen, dass sie sich auf den Hocker davor setzen wollte.

Veronica warf mir einen fragenden Blick zu, doch ich wusste auch nicht, was meine Mutter vorhatte. Wir halfen ihr, auf dem Hocker Platz zu nehmen, und ich öffnete den Deckel über der Tastatur.

Meine Mutter legte die Finger auf die Tasten. Dann schlug sie den ersten Ton an.

»Spielt deine Mutter Klavier?«, fragte mich meine Frau überrascht.

Ich schüttelte den Kopf – nicht, dass ich wüsste. Und stutzte. Denn plötzlich sah ich, wie die Finger meiner Mutter über die Tasten flogen. Ich konnte nicht hören, was sie spielte, aber ich sah, dass sie wusste, was sie tat. Das war nicht das Klavierspiel einer Frau, die zum ersten Mal in ihrem Leben an einem Piano saß.

Ich warf meiner Frau vollkommen verblüfft einen Blick zu.

Wir hatten Tränen in den Augen. »Sie spielt sehr gut«, gab Veronica mir in Gebärdensprache zu verstehen.

Plötzlich hörte meine Mutter mit dem Klavierspiel auf. Ich tippte sie an der Schulter an und fragte sie: »Gabi, seit wann kannst du Klavier spielen?«

Meine Mutter schien vollkommen erschöpft. Sie antwortete: »Ich habe es als Kind gelernt und aufgehört zu spielen, als du dein Gehör verloren hast, Benjamin. Und jetzt bringt mich bitte wieder in mein Zimmer.«

Von diesem Tag an verschlechterte sich der Zustand meiner Mutter fast stündlich. Im Nachhinein kommt es mir so vor, als hätte sie mit dieser letzten kleinen Melodie Abschied vom Leben genommen. Eine Melodie, die ich leider niemals gehört habe. Und dennoch weiß ich, dass meine Mutter an diesem Tag am Piano einen Schlussakkord gesetzt hat.

Drei Tage saß ich an ihrem Bett und hielt ihre Hand. »Es wird nicht mehr lange dauern«, sagten mir die Hospizpfleger. Ich hielt Wache an der Seite meiner Mutter und erfüllte ihr jeden noch so kleinen Wunsch. Ein Glas Wasser holen. Das Kissen wechseln. Das Fenster öffnen. Am Ende des Lebens sind es keine großen Gesten mehr, sondern Kleinigkeiten, die Linderung verschaffen.

Am 25. Januar 2015, einen Tag, bevor meine Mutter für immer die Augen schloss, sprach sie zum letzten Mal zu mir. »Sei nicht sauer auf mich«, murmelte sie leise. »Ich will nicht gehen. Ich will nicht, dass du allein bist, Benjamin. Ich möchte, dass du glücklich bist. Das ist das Allerwichtigste.«

Als sie dann schließlich starb, verspürte ich trotz aller Trauer eines: Erleichterung, dass meine Mutter nun endlich keine Schmerzen mehr erleiden musste. Ich hatte in den vergangenen sechs Monaten alles in meiner Macht Stehende getan, um ihr die letzten Momente auf Erden so schön wie möglich zu machen.

Natürlich hatte ich auch geweint, getrauert, geflucht, war verzweifelt, wütend und hoffnungslos gewesen. Doch ich hatte auch gespürt, dass ich nicht allein auf der Welt war. Ich hatte meine Kampfschule, meine Freunde, meine wunderbare Frau Veronica und die Liebe meiner Mutter, die ich immer fühlen würde – auch noch lange über ihren Tod hinaus.

Und mir wurde wieder einmal sehr deutlich vor Augen geführt: Sterben ist schrecklich, aber nicht zu leben, ist noch viel schrecklicher.

Zehn kluge Zitate von noch klügeren Menschen zum Thema Leben

Wer bereut schon auf dem Sterbebett
nicht mehr Zeit im Büro verbracht zu haben?
Stephen R. Covey, amerikanischer Bestseller-Autor

Keinen Tag soll man verpassen!
Johann Wolfgang von Goethe

»Leben ist nicht genug«, sagte der Schmetterling,
»Sonnenschein, Freiheit und eine kleine Blume
muss man auch haben.«
Hans Christian Andersen

Es gibt zwei Arten, sein Leben zu leben: entweder so,
als wäre nichts ein Wunder, oder so, als wäre alles
eines. Ich glaube an Letzteres.
Albert Einstein

Wenn ich mein Leben noch einmal leben könnte,
würde ich die gleichen Fehler machen.
Aber ein bisschen früher, damit ich mehr davon habe.
Marlene Dietrich

Keiner kann so hart zuschlagen wie das Leben!
Aber der Punkt ist nicht der, wie hart es zuschlagen
kann ... Es zählt bloß, wie viele Schläge man einstecken
kann und ob man trotzdem weitermacht.

Rocky Balboa

Das Leben ist wie eine Schachtel Pralinen,
man weiß nie, was man bekommt.

Forrest Gump

Du kannst dir nicht aussuchen, wie du stirbst. Oder
wann. Du kannst nur entscheiden, wie du lebst. Jetzt.

Joan Baez, amerikanische Sängerin

Gib jedem Tag die Chance,
der schönste deines Lebens zu werden.

Mark Twain

Die einzige Möglichkeit, etwas vom Leben zu haben,
ist, sich mit aller Macht hineinzustürzen.

Angelina Jolie

Verständnis

Ich sehe was, was du nicht siehst

Der Tod meiner Mutter hat mir gezeigt, dass das Leben immer Überraschungen bereithält – und dass es manchmal auch ein Kampf sein kann. Mein Kampfsport hingegen hat mir immer Sicherheit und Stabilität gegeben. Viele Menschen, die sich noch nie mit der Kampfkunst beschäftigt haben, denken, dass es beim Kämpfen vor allem darum ginge, die Schwächen des Gegners zu enttarnen, um sie sich zunutze zu machen. Das stimmt einerseits, denn eine Schwäche kann man im Kampf nutzen. Doch eine Schwäche bringt fast von ganz allein auch eine Stärke mit sich. Ein Gegner, der sehr klein ist, kann zum Beispiel besonders wendig sein und dich aussehen lassen wie ein unbeweglicher Baumstamm.

Mir persönlich gefällt es ohnehin besser, mich mit den Talenten einer Person auseinanderzusetzen, anstatt mich mit dem aufzuhalten, was jemand *nicht* kann. Vermutlich ist meine Einstellung zu diesem Thema von meiner Gehörlosigkeit beeinflusst, denn allzu oft kam es in meinem Leben schon vor, dass ich vor allem auf meine Unfähigkeit zu hören reduziert wurde.

Warum eigentlich? Ist es wirklich meine einzige, ja meine wichtigste Eigenschaft, dass ich gehörlos bin? Haben sich die Leute nicht mehr über mich zu sagen? Ist schon mal jemandem aufgefallen, dass ich nicht nur gehörlos, sondern auch groß, dunkelhaarig, verfressen und loyal bin? Was für eine merkwürdige Welt, in der wir immer nach der Lücke, dem Fehler, dem Mangel suchen – und nicht nach den Talenten, den Begabungen und der Fülle.

Im Grunde kann doch jeder irgendetwas nicht und hat damit ein Handicap, was übersetzt nichts anderes als »Benachteiligung, Vorbelastung, Erschwerung« bedeutet. Es gibt Menschen, die können nicht geduldig sein. Andere sind nicht in der Lage, ein Wort ohne einen Rechtschreibfehler zu Papier zu bringen. Manchen fehlt die Gabe zur Empathie, und wieder andere sind am Herd ein Totalausfall. Werden sie deshalb, wenn man an sie denkt, gleich zum Hektiker, zum Legastheniker oder zum emotionalen Trampeltier? Oder stellt man sie bei Freunden mit den folgenden Worten vor: »Das ist übrigens Klaus, von dem hab ich dir erzählt. Das ist der Typ, der nicht mal ein Ei hartkochen kann.«

Dieser Klaus (den ich übrigens nicht kenne, ansonsten würde ich ihn mal zum Kochen einladen) kann aber vielleicht etwas anderes, und das besonders gut. Zum Beispiel singen. Oder Fenster putzen. Oder Sudokus lösen. Wenn ich mir vorstelle, ich bringe meinen imaginären Freund Klaus zu einer Cocktailparty, dann würde ich es immer so tun, dass ich seine Talente betone und seine Stärken erwähne, anstatt seine Unfähigkeit in einer bestimmten Sache zu benennen. Also in etwa so: »Leute, das ist Klaus. Fordert ihn bloß nicht zum Zahlenrätsel auf, der Typ lässt euch nämlich richtig alt aussehen.«

Ich halte es für verkehrt, Menschen auf ihr Handicap zu reduzieren – mal ganz davon abgesehen, dass ich das Wort Handicap nicht besonders leiden kann. Es legt den Finger zielgenau auf etwas, was man *nicht* kann. Sehr interessant übrigens, dass das Wort im Golfsport das Gegenteil bedeutet und das Spielpotenzial des Golfers beschreibt – also sein Können. Ist das nicht witzig? Wir benutzen einen Begriff als Synonym für »Behinderung«, der in einem anderen Zusammenhang eine Aussage über die individuelle Qualität eines Spielers trifft.

Überhaupt, das Wort »Behinderung« ... In einem Interview wurde ich einmal gefragt, welche prominente Persönlichkeit ich gern treffen würde. Das wäre ganz klar Angela Merkel. Ich würde ihr bei einer Currywurst vor dem Kanzleramt nämlich gern erklären, wie schwer es manchmal ist, als Gehörloser in Deutschland zu leben. Und ich würde ihr sagen, dass sie das Wort »behindert« aus allen Gesetzestexten streichen soll. Leider ist mir noch kein besserer Begriff eingefallen, den ich ihr stattdessen vorschlagen könnte. Aber die Bezeichnung »Behinderter« stigmatisiert. Und »Mensch mit Behinderung« ist auch nicht viel besser, obwohl das Wort zumindest klarmacht, dass man ein Mensch ist, der mit etwas umgehen muss, was andere Menschen nicht haben. Er ist politisch wenigstens ein paar Grad freundlicher – das ist auch der Grund, warum wir nicht mehr Ausländer, sondern »Mensch mit Migrationshintergrund« sagen sollen. Die Idee hinter dem Begriff finde ich ja gut, aber der Ausdruck ist im alltäglichen Gebrauch doch eher umständlich. Ich frage mich, wie lange es noch dauert, bis wir nicht mehr »Frau« sagen dürfen, sondern »Mensch mit Menstruationshintergrund«. Total unpraktisch, wenn man so darüber nachdenkt.

Letztendlich wäre es am besten, wenn wir nicht nach einem Wort suchen müssten, das all diejenigen zusammenfasst, die sich von den »Menschen ohne Behinderung« unterscheiden. Da jede Behinderung, Einschränkung, Erschwerung, sei sie körperlicher oder seelischer Natur, höchst individuell ist, wäre es vermutlich am klügsten, den Sammelbegriff im alltäglichen Leben einfach wegzulassen. Ob und was einen nämlich behindert, ist für jeden unterschiedlich – es beginnt und endet nicht bei einer Definition. Man könnte vielmehr von Gehörlosen, Blinden, Autisten, Legasthenikern oder Rollstuhlfahrern sprechen. Also präzisieren, statt zu generalisieren. Vielleicht würde »behindert« dann auch als Verunglimpfung oder Schimpfwort aus dem Sprachgebrauch verschwinden. Das ärgert mich immer besonders, wenn ich das irgendwo höre: »Der ist vielleicht behindert!« Oder: »Was für eine behinderte Ampelschaltung.« Und es erinnert mich auf nicht allzu schöne Weise an die Beleidigungen, die mir früher oft hinterhergerufen wurden, weil die anderen Kinder einfach nicht begriffen, dass ich sie nicht hören konnte. Aber auch so mancher Erwachsene kann nicht mit meiner Gehörlosigkeit umgehen. Das kommt vor allem vor, wenn ich jemanden kennenlerne, dann spüre ich mein Defizit recht deutlich.

Insbesondere als ich noch Single war, passierte es mir immer wieder, dass ich von Frauen angesprochen wurde. Da ich meine Umgebung sehr genau beobachte, fiel es mir nicht schwer, den ein oder anderen neugierigen Blick aufzufangen. Und natürlich flirtete ich damals noch sehr gern, vor allem mit den Augen. Wenn eine Frau sich tatsächlich traute, mich anzusprechen, war sie oft irritiert, da die Kommunikation mit mir ja etwas anders abläuft als mit einem Hörenden. Die meisten suchten dann ganz schnell das Weite. Habe ich mich darüber geärgert? Nein. Denn diejenigen, die blieben, hatten echtes Interesse an mir.

Dass Hörende mit Gehörlosigkeit überfordert sind, ist auch ein Grund, warum sich die Gehörlosen oft in eigene Communitys zurückziehen und der lauten Welt den Rücken kehren – so gut es eben geht. Sie wurden, genau wie ich, in ihrer Kindheit oft beleidigt, gehänselt und ausgeschlossen. Das tat und tut weh, übrigens jedem. Deswegen verstehe ich, wie es passieren konnte, dass einige Gehörlose sagen: »Nicht wir müssen lernen zu sprechen, die Hörenden sollen lernen, Gebärden zu benutzen!« Wer ein Leben lang das Gefühl hatte, kein vollwertiger Teil der Gesellschaft zu sein und nicht dieselben Chancen in Ausbildung und Lebensgestaltung zu haben, kann frustriert werden. Das ist schade – denn eine ablehnende Haltung schreckt die Hörenden natürlich ab. Der Einzelne kann ja nichts dafür, wenn ein Schwerhöriger in der Grundschule wegen seines schlechten Hörvermögens geärgert wurde.

Ich wünsche mir für die Zukunft, dass es kein »wir« gegen »die« gibt, sondern dass alle gemeinsam und friedlich miteinander leben. Nur wenn alle an einem Strang ziehen und auf dieselben Ziele hinarbeiten, erreichen wir am Ende, was wir wollen. Dafür ist es wichtig, dass man in Kommunikation zueinander tritt und sich austauscht, kennenlernt und aufeinander einlässt. Erst wenn man versteht, wie ein anderer tickt, entwickelt man ein Gefühl für die Welt, die man gemeinsam erschaffen will.

Was viele Hörenden erstaunt: Gehörlose sind nicht neidisch auf die Welt der Hörenden. Ich zum Beispiel finde es toll, in einem Café zu sitzen und einfach meine Ruhe zu haben. Und wenn mir der Trubel zu viel wird, mache ich einfach kurz die Augen zu und blende alles aus, was mich nervt. Das geht leider nicht immer. Denn wenn zum Beispiel jemand in unmittelbarer Umgebung einen fahren lässt, höre ich das nicht rechtzeitig und kann mich auch nicht in Sicherheit bringen. Ich bin dem Furz dann hilflos ausgeliefert – auch ein Grund, warum man seine Gase in der Öffentlichkeit am besten für sich behält.

Aber davon abgesehen mag ich es, in einer stillen Welt zu leben. Ich kann mich wunderbar auf alles einlassen, was mir begegnet. Die Einzige, die manchmal darunter leidet, ist meine Frau. Da gibt es leider einige Ereignisse, bei denen Veronica meinetwegen nicht nur sprichwörtlich im Regen stand. Wir waren zum Beispiel einmal zusammen in Amsterdam und unternahmen eine Fahrradtour. Ich war begeistert von den Grachten, den Booten, den tollen, alten Häusern und den vielen Fahrradfahrern, die mir entgegenkamen. Von Zeit zu Zeit fuhren zwar erboste

Radler an mir vorbei und fuchtelten wild mit den Armen, weil sie wohl schon eine Weile klingelnd hinter mir hergezockelt waren, aber das konnte meine gute Laune nicht schmälern.

Irgendwann blieb ich an einer roten Ampel stehen, sah mich nach Veronica um. Sie winkte mir aufgeregt zu. »He, Benjamin! Seit drei Kilometern hast du dich kein einziges Mal zu mir umgedreht.«

Äh ... nein, das hatte ich nicht. »Ist denn was?«

»Ich habe einen Platten und komme kaum vom Fleck!«, rief Veronica lachend. »Wenn du vor mir fährst, kann ich dich nicht rufen und so viel klingeln, wie ich will.«

Ups. Ich entschuldigte mich bei meiner Frau, kümmerte mich um ihren platten Reifen und ließ sie anschließend vorfahren. So machen wir das jetzt immer, sicher ist sicher.

Das alltägliche Leben bietet für einen Gehörlosen allerlei Fallstricke. Ich höre zum Beispiel nicht, ob es in der Kneipe, in der ich mich mit einem Freund verabredet habe, zu laut ist und er mich eventuell nicht hören kann. Andererseits ist es prima, mit Menschen, die die Gebärdensprache beherrschen, im Nachtleben unterwegs zu sein. Ich muss mich weder durch die Menge kämpfen noch über die Köpfe hinweg Veronica anbrüllen, um ihren Getränkewunsch zu erfahren. Ihre Gebärde für Mojito sehe ich auch aus zehn Metern Entfernung.

Aber natürlich ist die Gehörlosigkeit oft ziemlich unpraktisch. Unser Nachbar in Hamburg beschwerte sich einmal bei mir, weil ich vergessen hatte, die Dunstabzugshaube wieder auszustellen. »Die ganze Nacht schon höre ich mir das nervige Geräusch an«, meckerte er. »Können Sie das nicht abschalten?

Ich habe keine Ahnung, wie laut eine Dunstabzugshaube ist. Aber wenn unser Nachbar die schon durch die Wände hört, frage ich mich, welche Geräusche aus unserer Wohnung er noch so mitbekommt ... Vielleicht hört er ja auch mein Summen. Von Veronica weiß ich, dass ich beim Putzen Geräusche mache.

»Fällt dir das nicht auf?«, fragte sie mich eine Weile, nachdem wir zusammengezogen waren.

»Was denn?«

»Na, das Brummen und Quietschen!«

Ich sah sie an wie ein Auto. »Was meinst du?«

Veronica lachte. »Du brummst und quietschst, wenn du die Küchenplatte abwischst.«

Das erschütterte mich dann doch ein wenig. Welche Geräusche mache ich wohl noch, wenn ich eigentlich meine, still zu sein?

In unserer Wohnung in Hamburg haben wir eine normale Türklingel, für mich gibt es jedoch noch ein visuelles Signal. Das ist so eine Leuchte, ähnlich wie bei einem Polizeiwagen, die immer dann blinkt, wenn jemand vor der Tür steht. Vor ein paar Jahren war ich einmal einen Abend allein daheim. Ich machte es mir auf dem Sofa bequem und schaute mir eine Serie im Online-Streaming an. Veronica würde erst spät nach Hause kommen, also stellte ich mich auf ein paar gemütliche Stunden ein.

Irgendwann sah ich auf die Uhr. War es nicht langsam Zeit, dass meine Frau nach Hause kam? Eigentlich hätte sie schon vor einer Stunde da sein sollen. Merkwürdig, dachte ich. Aber vielleicht hatte sie sich mit einer Kollegin verquatscht.

Eine weitere halbe Stunde verging, und ich spürte, dass ich nun doch ein wenig unruhig wurde. Ich raffte mich vom Sofa auf und trat ans Fenster. Es war ein kalter, dunkler Wintertag, und das Licht der Laternen spiegelte sich im nassen Asphalt der Straße.

Aber Moment mal ... Wer stand denn da neben dem Laternpfahl und sah zu unserer Wohnung hinauf? War das Veronica?

Ich öffnete hastig das Fenster, und eiskalte Luft strömte ins Innere.

»Na endlich. Ich stehe seit zwei Stunden vor der Tür und habe schon Sturm geklingelt!«, gab sie mir zu verstehen.

Huch. Wieso hatte ich die Leuchte denn nicht gesehen? Ich überlegte. Oje. Weil letzte Woche die Lampe kaputtgegangen war.

»Warum hast du denn nicht angerufen?«, fragte ich Veronica.

»Weil der Akku von meinem Handy leer ist.« Sie lachte. »Das ist Murphys Gesetz. Wenn eine Sache schiefgeht, geht gleich auch alles andere schief. Lässt du mich jetzt rein?«

Diese Anekdoten aus meinem Alltag zeigen, dass es natürlich auch mal blöde und schwierige Situationen im Zusammenleben mit mir als Gehörlosem gibt. Aber die gibt es ja in allen Beziehungen, denn auch wer sich hören kann, versteht sich ja nicht immer zwingend. Davon mal abgesehen: Ich glaube, dass es für unsere Gesellschaft eine gute Sache wäre, wenn wir unsere Schwachstellen, Schwächen, Handicaps, Benachteiligungen, Fehler oder einfach Besonderheiten nicht verstecken, sondern selbstbewusster zeigen würden.

Warum versuchen Frauen, die ein bisschen mehr wiegen, ihre Kurven zu verbergen? Weshalb kämmen sich Männer, die eine Glatze bekommen, die spärlichen Haare darüber? Wieso fragen wir nie nach dem Weg? Oder bitten um Hilfe? Ganz einfach: Weil wir denken, dass unsere Schwächen damit offensichtlich werden – und diese Sichtbarkeit uns als Mensch weniger liebenswert wirken lässt. Sie machen uns verwundbar – und ein wunder Punkt wird in einer Auseinandersetzung, einem Streit oder einem Konflikt vom Gegenüber vermutlich als Erstes anvisiert.

Interessanterweise wird dieser wunde Punkt aber nur deswegen zur Blöße, weil wir uns für ihn schämen und ihn als Schwäche wahrnehmen. Oder ist es dir nicht auch schon einmal passiert, dass du kritisiert wurdest und dir insgeheim dachtest: »Mist, mir wird gerade genau das gesagt, was ich selbst über mich denke! Ich bin verbissen/zu nachsichtig/unaufmerksam/... – und jetzt hat es mir auch noch jemand ins Gesicht gesagt!«

Dabei ist ein Grundprinzip des Lebens das Gesetz der Dualität. Das klingt komplizierter, als es ist, denn es bedeutet nichts anderes, als dass alles, was es auf der Welt gibt, ein Gegenstück hat: hell und dunkel, Liebe und Hass – und eben Stärken und Schwächen. Das heißt im Umkehrschluss auch, dass wir nur deshalb Stärken entwickeln, weil wir Schwächen haben. Anders geht es nicht. Es heißt nicht umsonst: Nobody is perfect. Niemand ist vollkommen! Und Schwächen sind vollkommen menschlich. Auch deine. Und meine erst recht.

Was ist überhaupt eine Schwäche? Im Grunde sind Eigenschaften eines Menschen, körperliche Merkmale oder Verhaltensweisen erst einmal vollkommen wertneutral. Erst durch die Augen der anderen bekommen sie einen bestimmten Wert – und werden somit zu Stärken oder Schwächen. Außerdem üben auf die Beurteilung, ob eine Eigenschaft als positive oder negative wahrgenommen wird, viele unterschiedliche Faktoren Einfluss aus. Da wäre zum Beispiel die Persönlichkeit desjenigen, mit dem du in Kontakt trittst. Dann kommen gesellschaftliche Konventionen und unterschiedliche kulturelle Hintergründe, der Zeitgeist und gewisse Trends dazu. Das heißt, eine Eigenschaft, die man vor zwanzig Jahren noch als lobenswert betrachtet hat, kann heute ganz anders wahrgenommen werden. Vielleicht ist es dir schon mal passiert, dass du jemanden von früher wiedergetroffen hast, der damals einer der ganz coolen Typen war, der immer etwas zu erzählen hatte, über alles Bescheid wusste. Heute findest du ihn aber nur noch langweilig und fragst dich, warum er früher glänzender Mittelpunkt jeder Party war. Hat er sich verändert? Möglicherweise – sicher ist, dass sich etwas in deiner Einstellung oder Sichtweise verändert hat.

Wenn man erst einmal verstanden hat, dass ausnahmslos jeder Schwächen hat, ist man schon einen großen Schritt weiter. Außerdem lohnt es sich, sich darüber Gedanken zu machen, dass eine Schwäche wirklich immer im Auge des Betrachters liegt. Es gibt ein schönes Sprichwort, das du vielleicht schon mal gehört hast: Was Hans über Franz sagt, sagt mehr über Hans als über Franz. Oder anders formuliert: Wenn dich jemand kritisiert, frag dich, was die Kritik mit deinem Kritiker zu tun hat – und nicht mit dir. Denn vielleicht findet dich dein Kumpel vom Fußball witzig, aber deine Mutter sagt dir andauernd, dass du albern bist. Was stimmt? Bist du nun witzig oder albern? Du bist beides – und noch sehr viel mehr.

Ansichtssache

Ist ein Mensch selbstbewusst – oder arrogant? Das liegt im Auge des Betrachters. Ich habe eine kleine Übung für dich entwickelt, in der es darum geht, zu jeder Eigenschaft ihr positives beziehungsweise negatives Gegenstück zu finden. Diese Übung wird dir helfen zu erkennen, dass eine Schwäche viel mehr als ein Mangel ist, denn sie kann auch zu einer echten Stärke werden.

Fülle die Leerstellen aus!

konfliktfreudig	streitsüchtig
sorgfältig	
sensibel	

		misstrauisch
	beharrlich	
		unberechenbar
		unverschämt

pedantisch, überempfindlich, vorsichtig, stur, überraschend, frech

Jetzt bist du dran. Welche drei guten Eigenschaften zeichnen dich aus? Was mögen andere an dir? Und welche Eigenschaften an dir wurden schon einmal kritisiert? Überlege dir zu jeder negativen Eigenschaft das schmeichelhafte Pendant und umgekehrt.

Jeder von uns hat Schwächen. Jeder, ausnahmslos. Das gehört zum Menschsein eben dazu, wir wurden unvollkommen auf die Welt geschickt. Und das ist auch gut so, denn wäre es nicht verdammt langweilig, wenn wir alle genau richtig und perfekt wären? Schwächen sind das Salz in der Suppe. Sie sorgen für den Geschmack und die Würze, ansonsten wäre es fad und geschmacklos. Leider wissen nur wenige Menschen, wie sie mit einer persönlichen Schwäche umgehen können.

Einige Dinge in unserem Leben können wir verändern, andere nicht. Ich kann beispielsweise nicht beeinflussen, ob ich hören kann oder nicht. Ein Kind werde ich vermutlich auch niemals austragen, und es ist fraglich, ob es mir jemals gelingen wird, an einem Glas Nussnougatcreme vorbeizugehen, ohne einen Löffel hineinzustecken. Das habe ich akzeptiert – das ist so. Es ergibt keinen Sinn, mich darüber aufzuregen oder dagegen anzukämpfen. Die Erkenntnis, dass es einfach Dinge im Leben gibt, die man nicht ändern kann, hat einen großen Einfluss auf unsere Lebensqualität. Das Stichwort heißt Akzeptanz. Oder wie es ein amerikanischer Theologe einmal ausdrückte: *Gott*, gib mir die Gelassenheit, Dinge hinzunehmen, die ich nicht ändern kann, den Mut, Dinge zu ändern, die ich ändern kann, und die Weisheit, das eine vom anderen zu unterscheiden.*

Ich kann nicht dafür sorgen, dass mein Gehörnerv wieder funktioniert. Es liegt nicht in meiner Macht. Also halte ich mich auch nicht damit auf. Ich hadere nicht mit meinem Schicksal, verfluche nicht den Arzt, der mich damals behandelt hat, und bemitleide mich nicht selbst. Mitleid ist passiv – es bringt nicht weiter, sondern sorgt sehr zuverlässig dafür, dass man an Ort und Stelle stehenbleibt und sich garantiert keinen Zentimeter mehr weiterbewegt.

Was also tun? Bleiben wir mal beim Beispiel meiner Gehörlosigkeit. Ich kann sie nicht wegzaubern. Ich kann sie nicht ignorieren. Ich kann nur meine Einstellung zu ihr verändern und sie nicht ablehnen oder gegen sie ankämpfen – was sinnlos wäre, denn sie bliebe ja dennoch bestehen –, sondern sie einfach als das annehmen, was sie ist, nämlich einen Teil von mir. Die Kurzversion davon lautet: *Love it, leave it or change it!* (Liebe es, lasse es oder ändere es!)

---

* Wahlweise auch Allah, Buddha, das fliegende Spaghettimonster oder sonst wer.

Es liegt in der Natur vieler Menschen, anderen die Schuld für etwas zu geben, sich andauernd zu beschweren, traurig zu sein oder sich mit allen möglichen Dingen von ihrem Kummer abzulenken. Viel zufriedener macht es jedoch, wenn man erkennt, dass in jeder Krise auch eine neue Chance liegt, dass jeder Mangel auch ein Geschenk beinhaltet – oder wie meine Mutter sagen würde: »Es ist nichts so schlecht, dass es nicht auch etwas Gutes hat!«

Meine Gehörlosigkeit hat mich zu einem besonders aufmerksamen Beobachter gemacht. Vielleicht bin ich gerade deshalb auch ein so guter Kampfsportler. Ich kann mich besser konzentrieren als andere und wortwörtlich alles ausblenden, was mich ablenkt. Ich habe es also geschafft, aus meiner Schwäche eine Stärke zu machen. Das hört sich jetzt vielleicht an, als wäre es ein Schalter, den man umlegt, und damit hat sich die Sache erledigt. Dabei ist es leider viel, viel schwieriger und dauert sehr lange, sich selbst wirklich so zu akzeptieren, wie man ist.

Im Kampfsport lernt man, dass man seine Schwachstellen annehmen muss, wenn man als Sieger von der Matte gehen will. Und genau so ist es auch im Leben. Fast alle besonders erfolgreichen Menschen haben die Gabe, ihre Schwäche zum Markenzeichen zu machen – es wird ihr Alleinstellungsmerkmal, das letztendlich ausschlaggebend für dauerhaften und echten Erfolg wird. Ein gutes Beispiel ist Mark Zuckerberg, der an der Uni der absolute Nerd war, dem garantiert keine Frau hinterhergeschaut hat. Nun hätte sich der kleine Mark in seinem schäbigen Zimmer, das er sich mit einem Kommi-

litonen teilte, einschließen und sein Dasein verfluchen können. Stattdessen machte er aus der Not eine Tugend, traf sich
mit ein paar anderen Computer-Freaks, entwickelte einen
noch nie dagewesenen Algorithmus und erfand mal eben das
wichtigste Soziale Netzwerk der Weltgeschichte. Bäm!

Vom Kämpfen weiß ich, dass man sich selbst annehmen
muss –Stärken wie Schwächen gleichermaßen –, wenn man
erfolgreich sein will. Im Prinzip lehrt uns das schon die Bi-
bel mit einer Geschichte aus dem Alten Testament, die jeder bereits einmal gehört hat: David gegen Goliath. Davids
Schwäche ist offensichtlich, er ist zu klein, vor allem im
Vergleich zum Riesen. Und trotzdem beschließt er, sich
dem übermächtigen Gegner zu stellen, der dreimal so groß
und vermutlich zehnmal so schwer wie er ist.

David weiß, dass er mit Schwert und Speer nicht gegen
Goliath kämpfen muss – denn er könnte dem Riesen nur
Nadelstiche zufügen, wenn überhaupt. Doch statt sich darauf zu konzentrieren, was er nicht kann, nämlich Schwert
und Speer so einsetzen wie der Gegner, verlässt er sich auf
sein Talent: den Umgang mit der Steinschleuder und seine
Schnelligkeit. Als man ihm eine Rüstung anlegen will, verzichtet er sogar, um noch beweglicher und flinker zu sein.
Damit geht er ein großes Risiko ein – und am Ende, entge-
gen aller Prognosen, als Sieger aus dem Zweikampf hervor.
Denn einer seiner Steine trifft Goliath mitten auf der Stirn,
und der Riese fällt um wie ein Baum.

Du merkst: Eine Schwäche muss man nicht verstecken.
Viel schlauer ist, sie offensiv anzugehen und als Ansporn zu
nehmen, um sich noch mehr reinzuknien – und sie im besten

Fall zur Stärke umzuwandeln. Dafür ist es im ersten Schritt absolut unabdingbar, seine eigenen Schwachstellen zu akzeptieren und als gegeben hinzunehmen. Das funktioniert leider nicht von heute auf morgen, aber wer wirklich anfängt, sich mit sich selbst zu beschäftigen, wird über kurz oder lang an den Punkt kommen, wo er die veränderbaren Eigenschaften an sich von den unveränderbaren unterscheiden kann. Ob ich aufbrausend, überambitioniert oder eifersüchtig bin, liegt in meiner Hand – ich kann es aktiv beeinflussen, meinem Jähzorn, meinem Ehrgeiz oder meiner Eifersucht Einhalt zu gebieten. Aber ich kann nichts gegen meine Gehörlosigkeit tun. Außer: Sie mir zunutze zu machen.

Ich fände es schön, wenn die Gesellschaft mehr wertschätzen würde, welche Fähigkeiten Menschen entwickeln, wenn ihnen ein Sinn fehlt oder sie eine andere Einschränkung haben, und erkennt, dass sie von diesen Fähigkeiten profitieren können. Ich denke da zum Beispiel an blinde und sehbehinderte Menschen, die einen überragenden Tastsinn haben. Sie »fühlen« mit den Fingern mehr als Sehende, weshalb sie mittlerweile in der Krebsfrüherkennung als MTU, medizinisch-taktile Untersucher (oder auch: Sehende Hände) eingesetzt werden. Selbst kleinste Gewebsveränderungen können ausgebildete MTUs in der weiblichen Brust erkennen – und zwar viel früher als Ärzte oder technische Instrumente.

Und damit nicht genug. Der Softwareentwickler SAP hat sich vorgenommen, innerhalb der nächsten Jahre verstärkt Menschen mit Autismus einzustellen. Bis 2020 sollen sie ein Prozent der Belegschaft ausmachen. 2011 stellte der

Konzern in einem Labor in Bangalore zum ersten Mal einen Autisten in der Entwicklung ein – und staunte. Denn die Produktivität des Labors stieg, und zwar so eklatant, dass man es nur auf die Neueinstellung zurückführen konnte. Autisten leben in ihrer eigenen Welt, sind meist detailverliebt, pedantisch und häufig hochintelligent. Sie sind die idealen Fehlersucher für die IT, und genau das hat SAP erkannt.

Auch in der Krankenpflege können Menschen mit Behinderung sehr gut arbeiten. Das Projekt Healing Animator bietet Ausbildungen zum Pflege-Animator nach dem Vorbild des Arztes Hunter Doherty »Patch« Adams an, der seine Patienten nicht nur mit den herkömmlichen Mitteln der Humanmedizin behandelte, sondern als Krankenhausclown für Furore sorgte. Die Pflege-Animatoren arbeiten nach demselben Prinzip in Seniorenheimen. Indem sie nicht nur die täglichen Pflegedienste übernehmen, sondern vor allem gute Laune verbreiten, erhöhen sie die Lebensqualität der Senioren, aktivieren die Selbstheilungskräfte und stärken die Kommunikation zwischen Personal und Pflegebedürftigen. Menschen mit Down-Syndrom sind für diese Tätigkeit besonders geeignet, da sie überdurchschnittlich sozialkompetent sind und eine enorme Lebensfreude ausstrahlen. Darüber hinaus haben sie meist wenig Berührungsängste und werden deshalb bevorzugt als Pflege-Animatoren eingesetzt.

In Deutschland ist jeder Betrieb mit mehr als zwanzig Mitarbeitern dazu verpflichtet, fünf Prozent schwerbehinderte Mitarbeiter einzustellen. Nun könnte man als

Unternehmer darüber stöhnen und einen Rollstuhlfahrer an die Pforte setzen – Problem erkannt, Problem gebannt, und die Quote ist auch erfüllt. Das kann man natürlich so machen, und es spricht moralisch auch nichts dagegen. Ich bin auf jeden Fall dafür, Menschen mit körperlicher oder geistiger Einschränkung aktiv in den Arbeitsmarkt einzubinden und nicht irgendwo in einer Werkstatt zu »parken«, wo sie bis an ihr Lebensende Weihnachtsengel schnitzen dürfen. Aber Hand aufs Herz: Wäre es nicht noch toller, wenn man Menschen nicht aufgrund ihrer Defizite, sondern dank ihrer besonderen Stärke einstellen würde?

Kein Ei gleicht dem anderen – und jeder Mensch ist besonders. Das gilt natürlich auch für Gehörlose und Schwerhörige. Während sich der eine ausschließlich mit Gebärden verständigt, hat ein anderer sprechen gelernt oder kann Lippenlesen. Es macht einen großen Unterschied, ob ein Gehörloser im Laufe seines Lebens die Fähigkeit zu hören verloren hat oder bereits als Gehörloser auf die Welt kam. Deswegen fällt es jedem Gehörlosen oder Schwerhörigen unterschiedlich leicht oder schwer, die Kommunikation mithilfe der Gebärdensprache oder sogar das Sprechen zu erlernen.

Doch so unterschiedlich wir alle sind, in einem sind wir doch gleich: Wir wollen respektvoll behandelt werden, egal ob wir im Rollstuhl sitzen, zum Reden unsere Hände benutzen oder als kerngesunder Mensch auf die Welt kamen. Wir wollen kein Mitleid. Wir *brauchen* kein Mitleid. Das Einzige, worüber wir uns wirklich freuen, ist aufrichtiges und echtes Interesse an unserer Person. Das geht doch allen so.

Jeder hat Stärken und Schwächen. Anstatt uns gegenseitig zu bewerten und zu verurteilen, sollten wir uns so akzeptieren, wie wir sind. Ich kann nicht hören – aber dafür umso besser sehen und Menschen »lesen«. Und das ist doch keine Behinderung – das ist meine Superpower!

Aus Schwächen Stärken machen

Ich wünsche mir, dass auch du erkennst, dass deine Schwächen gar keine Schwächen sind, sondern zu dir dazugehören wie dein Körper, dein Lachen und deine Stimme. Hör auf, gegen sie anzukämpfen! Umarme sie vielmehr wie einen alten Freund und setze dich mit ihnen auseinander.

Im Folgenden stelle ich dir einige Fragen, die dir dabei helfen, aus einer Schwäche von dir eine Stärke zu machen. Beantworte die Fragen, so ehrlich du kannst.

1. Wer bezeichnet meine Verhaltensweise als Schwäche?

2. Sind mir diese Personen wichtig?

3. Denke ich selbst, dass meine Eigenschaft eine Schwäche ist?

4. Möchte ich, dass die Bewertungen der anderen meine eigene Wahrnehmung verändern?

5. Helfen mir die Bewertungen der anderen dabei, dass ich mich besser fühle?

6. Hilft mir meine eigene Bewertung meiner Eigenschaft, dass ich mich besser fühle?

7. Wie könnte man meine Eigenschaft noch bezeichnen? Gibt es einen positiven Begriff dafür oder eine gute Seite an der Eigenschaft?

8. Wie würde ich mich fühlen, wenn diese Eigenschaft keine Schwäche, sondern eine Stärke von mir wäre?

9. Was hält mich davon ab, genau das umzusetzen?

Vielleicht ist dir bei der Beantwortung der Fragen etwas aufgefallen: Erst durch die Wahrnehmung der anderen wird aus deiner Eigenschaft eine vermeintliche Schwäche. Aber wie du in der Übung vorhin gelernt hast, hat jede Schwäche auch einen positiven Gegenbegriff. Ich wünsche mir für dich, dass es dir gelingt, deine »Schwachstelle« so umzuwandeln, dass du sie zukünftig als Stärke einsetzen kannst.

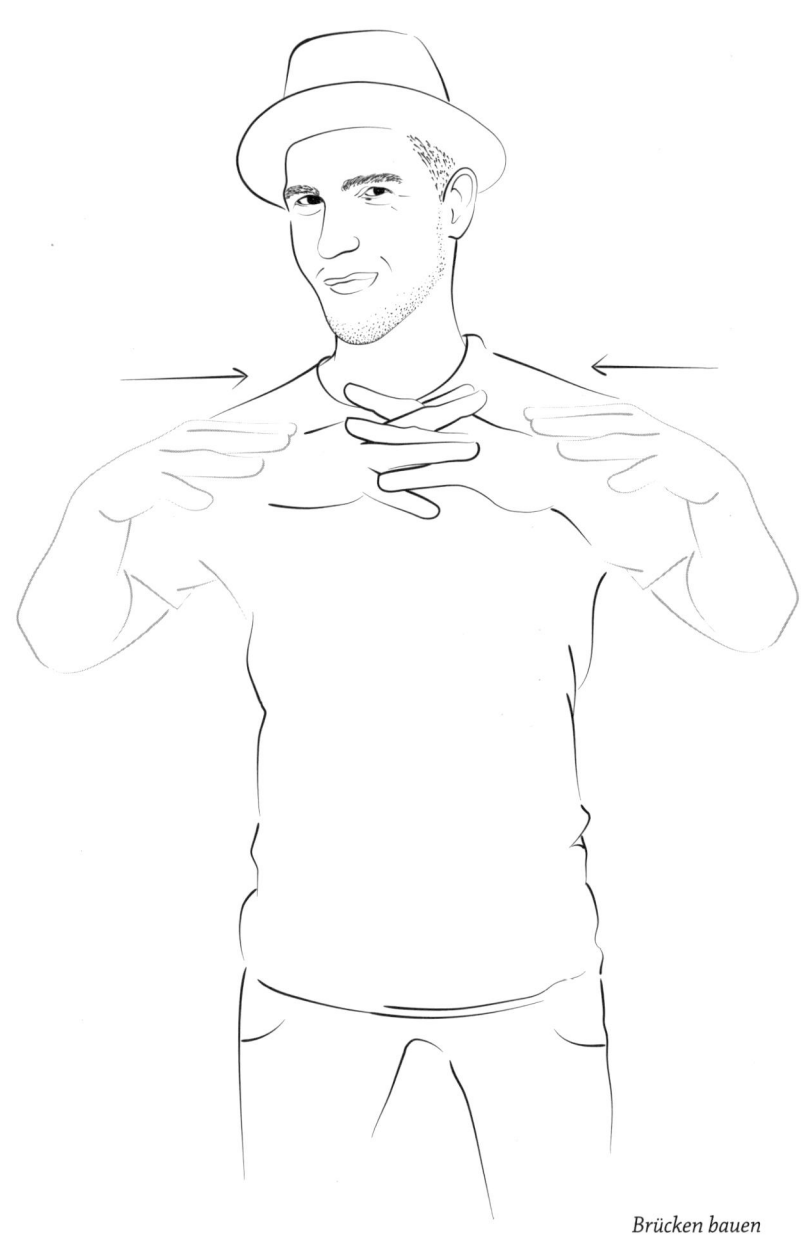

Brücken bauen

Zusammen ist man weniger allein

Meine Frau und ich leben seit 2018 die meiste Zeit des Jahres in Louisiana, den Rest der Zeit verbringen wir in Deutschland in meiner Heimatstadt Hamburg. Vor ein paar Jahren lud Veronica ihre amerikanische Verwandtschaft zu ihrem Geburtstag ein. Wir waren gerade in den Staaten und hatten die meisten aus der Familie seit einer Weile nicht gesehen.

»Ich habe mir etwas überlegt«, eröffnete mir Veronica ein paar Tage vor der kleinen Feier. »Ich finde es schade, dass meine Familie mich immer wieder als Simultanübersetzerin benutzt, wenn du dabei bist. Sie können ja eigentlich auch mit dir selbst sprechen.«

Mittlerweile kann ich sowohl die englische Gebärden- als auch Lautsprache so gut, dass man sich entspannt mit mir unterhalten kann. Trotzdem war es wie ein Reflex von Veronicas Familie, oft nur mit ihr zu reden, auch wenn ich direkt nebendran saß.

»Was hast du denn vor?«, fragte ich sie.

Sie grinste, stand auf und holte einen großen Karton aus dem Nebenraum. »Ich war gestern im Baumarkt und habe fünfzehn Schallschutzkopfhörer besorgt. Außerdem Ohrenstöpsel aus der Apotheke.«

Ich starrte meine Frau an. »Willst du eine Wand einreißen?«

Veronica schüttelte den Kopf. »Quatsch. Ich will sie endlich mal wissen lassen, wie es sich anfühlt, nichts hören zu können. Vielleicht verändert das ja was in ihrem Verhalten dir gegenüber.«

Okay – das klang ziemlich experimentell. Aber wenn meine Frau fand, dass es auf einen Versuch ankam, würde ich mich der Sache ganz sicher nicht in den Weg stellen.

Ein paar Tage später fanden sich außer meiner Frau und mir vierzehn Personen in unserem Wohnzimmer wieder: ihre Stiefmutter, ihr Dad, ihre Geschwister samt Partnern, eine sehr gute Freundin und ihr Lebensgefährte. Die kleine Partygemeinschaft war ausgelassen, man freute sich, endlich mal wieder Zeit miteinander zu verbringen, alle quasselten durcheinander, lachten und scherzten – natürlich ohne besondere Rücksicht auf meine Gehörlosigkeit zu nehmen. Also alles wie immer, wenn viele Hörende beisammen sind.

Irgendwann baute sich Veronica vor ihrer Mischpoke auf und sagte: »Ich freue mich sehr, dass ihr heute hergekommen seid und meinen Geburtstag mit mir feiern wollt. Allerdings ist dieses Jahr etwas ein wenig anders als sonst ...« Sie zögerte, um die Spannung zu steigern, und ich sah, dass alle im Raum an Veronicas Lippen hingen. Da zauberte sie einen der Schallschutzkopfhörer hinter ihrem Rücken hervor. »Heute tragen wir alle einen Kopfhörer. Und damit ihr auch wirklich gar nichts hören könnt, gibt es ein Paar Ohrenstöpsel dazu.«

»Aber warum?«, fragte Veronicas Vater, der die Sprache als Erster wiedergefunden hatte. Die anderen saßen stumm und verwirrt im Wohnzimmer und glotzten das Geburtstagskind an.

»Ich wünsche mir zum Geburtstag, dass ihr einmal in eurem Leben begreift, wie sich Benjamin als Gehörloser fühlt. Und damit die Erfahrung anhält, habe ich beschlossen, dass wir mit den Kopfhörern zusammen einkaufen gehen werden – denn ich habe noch nichts besorgt oder vorbereitet. Anschließend werden wir gemeinsam kochen und Spiele spielen. Es ist verboten, die Kopfhörer abzunehmen oder zu schummeln. Wer das tut, muss zwei Dollar in dieses Glas hier werfen.« Sie zeigte auf eine Sammelbüchse auf dem Wohnzimmertisch.

Die Familie murrte und sah sich fragend an. Ganz offensichtlich hatten sie sich die Feier ein wenig anders vorgestellt. Aber davon ließ sich Veronica nicht beeindrucken. Sie marschierte in die Küche und holte die große Box mit den restlichen Schallschutzkopfhörern und den Ohrenstöpseln darin, die sie anschließend an alle verteilte.

Fünf Minuten später saß ich einem guten Dutzend Micky Mäusen mit orangefarbenen, roten und blauen Ohren gegenüber. Die Stimmung war wieder etwas lockerer, denn alle sahen so komisch aus, dass sie sich bereits ausgiebig kaputtgelacht hatten.

Veronica, die selbst Kopfhörer anhatte und wie eine Bauarbeiterin aussah, erklärte mit Gesten, dass sie nun Paare bilden und jedem Zweierteam ein Rezept aushändigen werde. Je zwei Leute hatten den Auftrag, im Supermarkt die Zutaten für das Gericht zu besorgen und anschließend, natürlich in absoluter Stille, miteinander zu kochen.

Veronicas Vater nahm sich die Kopfhörer von den Ohren. Das war verboten, also hielt seine Tochter ihm mit strenger Miene die Sammelbüchse hin.

»Jaja, ich zahle ja«, murrte er und kramte in der Hosentasche nach zwei Dollarscheinen. »Aber ich habe eine Frage.«

Da ich seine Lippen ablesen konnte, verstand ich ihn natürlich, und auch Veronica musste ihre Kopfhörer nicht abnehmen.

»Wie kommen wir denn zum Supermarkt? Wir müssen doch nicht etwa laufen!«

»Wir fahren natürlich mit dem Auto«, erklärte Veronica.

»Aber doch nicht mit Kopfhörern!«

»Wieso nicht?«

Ihr Dad schnaubte. »Das ist doch bestimmt nicht erlaubt.«

Veronica zuckte mit den Schultern. »Und warum nicht? Benjamin darf als Gehörloser doch auch Auto fahren.«

Ihr Vater klappte einmal den Mund auf – und schloss ihn dann wieder, ohne etwas zu sagen. Es stimmt, ich habe einen Führerschein und darf Auto fahren. Ich halte mich sogar für einen sehr guten Fahrer, weil ich glaube, dass ich aufmerksamer bin als Hörende – immerhin lasse ich mich nicht vom Radio ablenken, und garantiert telefoniere ich nicht während der Fahrt!

Um es kurz zu machen: Am Ende kamen alle sicher im Supermarkt an, wo sie paarweise ausschwärmten und die Zutaten besorgten. Danach fuhren wir wieder in unsere Wohnung, wo das große Kochen begann. Es war sehr interessant für mich zu sehen, was die erzwungene Gehörlosigkeit mit der Familie meiner Frau anstellte. Manche wurden durch die Kopfhörer ganz still und schnippelten konzentriert Möhren, ohne den Austausch zu suchen – offenbar tat ihnen die Ruhe gut. Sie wirkten nicht gehetzt oder gestresst, sondern sehr bei sich und entspannt. Andere hingegen schienen durch die Sprach- bzw. Gehörlosigkeit regelrecht aufzublühen. Veronicas beste Freundin zum Beispiel ist eigentlich eine sehr leise Frau, die sich oft nicht an Gesprächen beteiligt. Nun sah ich sie mit ihren roten Kopfhörern auf dem Haupt lebhaft mit Veronicas Stiefmutter gestikulieren und dabei mehr als einmal lauthals lachen.

Es war ein toller Tag – für alle. Ich kam mir zwischendurch zwar wie der Dompteur einer wildgewordenen Mäusekolonie vor, aber ich spürte, dass Veronicas Familie zum ersten Mal wirklich verstand, wie es sich anfühlte, wenn man nicht hören konnte, und wie anstrengend selbst die alltäglichsten Dinge wurden, wenn die anderen sich nicht ein bisschen Mühe gaben. Seit diesem Tag habe ich den Eindruck, dass sich meine Schwiegereltern in der Kommunikation mit mir mehr anstrengen und Veronica nicht mehr so häufig als Übersetzerin einsetzen. Außerdem landeten am Ende fast sechzig Dollar in der Sammelbüchse – wir legten noch etwas drauf und luden die ganze Gesellschaft ins Kino ein.

Ins Kino gehen wir übrigens sehr gern – allerdings nur in Amerika. Wenn wir in Deutschland sind, können wir zusammen nur in Filme in Originalversion mit Untertiteln gehen, ansonsten ist mein filmisches Vergnügen eher eingeschränkt, weil ich nicht viel verstehe.

Film und Fernsehen sind audiovisuelle Medien, verbinden also Bild und Ton. Bild stellt für mich kein Problem dar, aber alle akustischen Informationen müssen für einen gehörlosen oder schwerhörigen Menschen nun einmal visualisiert werden. Dabei geht es nicht nur darum, die Dialoge mitzubekommen. Ein Untertitel für Hörgeschädigte beschreibt auch wichtige Umgebungsgeräusche oder erwähnt, wenn zum Beispiel leise Musik eingeblendet wird. Man nennt das Tonsubstitution, und diese ist sehr wichtig, wenn man in den vollen Genuss des Leinwandwerks kommen will. In Deutschland gibt es keine Kinos, die für Gehörlose oder Schwerhörige spezielle Untertitel einblenden – man schaut sich die Originalversion mit Untertiteln an oder wartet, bis der Film auf DVD oder online in Streaming-Diensten verfügbar ist.

Nun denkt sich vielleicht der eine oder andere: Ist eine Tonsubstitution für alle Filme wirklich notwendig? So viele Gehörlose gibt es ja auch wieder nicht.

Ich kann nur sagen: Unsere Gesellschaft wird immer älter – und damit schwerhöriger. Dazu kommen alle, die die deutsche Sprache noch nicht flüssig beherrschen oder gerade erst dabei sind, sie zu lernen. Jedem Menschen, der in diesem Land lebt, sollte die Möglichkeit geboten werden, sich mit seinem Umfeld über aktuelle Themen unterhalten zu können. Derzeit werden Gehörlose aber von vielen Medienangeboten ausgeschlossen. Und im Gegensatz zum Kino gibt es in den meisten Fernsehprogrammen überhaupt keine Untertitel.

Im Jahr 2016 gaben die Medienanstalten und die Aktion Mensch eine Studie in Auftrag, die untersuchte, wie intensiv Menschen mit Behinderungen Medien nutzen und welche barrierefreien Angebote sich in der Medienlandschaft finden. Es kam heraus, dass über 90 Prozent der Befragten regelmäßig fernsahen, aber 86 Prozent angaben, gelegentlich bis sehr oft den Inhalten nicht folgen zu können. Eine überwältigende Mehrheit der Hörgeschädigten wünschte sich eine flächendeckende Untertitelung der Sendungen und gab auch an, verstärkt auf Netflix und Co. zurückzugreifen, da Untertitel dort gang und gäbe sind. Blinde Teilnehmer der Studie äußerten den Wunsch nach Audiodeskriptionen, um wahrnehmen zu können, was im Bild zu sehen ist.

Die Studie fand auch heraus, dass sich Menschen mit Behinderungen vor allem durch die nicht gelingende Teilhabe an den Medien »behindert« fühlen. Wie leicht und vor allem schnell man das ändern könnte, zeigt ein Blick über den großen Teich. Denn in den Staaten hat sich ein System durchgesetzt, das es für gehörlose Menschen drastisch vereinfacht, an der Mediennutzung teilzunehmen. Im Gegensatz zu Deutschland, Frankreich oder Italien werden in englischsprachigen oder skandinavischen Ländern die wenigsten fremdsprachigen Filme synchronisiert. Der Zuschauer ist es also gewohnt, Filme in der Originalsprache mit englischem Untertitel zu sehen. Für mich ist das super, weil ich in Amerika mit Veronica in meinen Lieblingsfilm *Ziemlich beste Freunde* gehen konnte und wir beide gleichviel verstanden – ohne Extrabehandlung, ohne Sonderstatus.

Die meisten Filme, die in amerikanischen Kinos laufen, kommen aber natürlich aus den Staaten oder sind englischsprachig. Nun gibt es zahlreiche Vorstellungen, in denen diese Filme einen englischen Untertitel bekommen – und zwar aus dem Grund, weil sich die Vereinigten Staaten von Amerika schon immer als großes Nation der Einwanderer verstanden haben und es Neuankömmlingen möglichst leicht machen wollen, die fremde Sprache zu erlernen. Weil das Untertiteln aber aufwendig ist und dazu ja auch eigene Spielzeiten für diese Filmversion im Programm eingeplant werden müssen, arbeiten die meisten Kinos mit einem kleinen Teleprompter, den der Zuschauer, ähnlich wie eine 3D-Brille, selbst mitbringt. Der Untertitel wird vom Verleiher in eine Datenbank transferiert und kann auf die Geräte heruntergeladen werden. Startet der Film, positioniert man den halbdurchlässig-spiegelnden kleinen Monitor so im Blickfeld, dass man Leinwandbild und Untertitel gleichzeitig erfassen kann. Barrierefreies Kino – ganz einfach.

Im amerikanischen Fernsehen ist die Einblendung von Untertiteln gesetzlich vorgeschrieben – und zwar nicht nur für Spielfilme oder Serien. Auch alle Live-Sendungen sind für Gehörlose erlebbar, in Form von Live-Untertitelung oder durch die Einblendung von Gebärdensprachdolmet-

schern. Erst so ist es für einen Menschen ohne Hörvermö-
gen überhaupt möglich, dass er an Information, Bildung
und Unterhaltung gelangt.

Gerade an öffentlichen Orten erlebt man in den Staaten
sehr häufig, dass ein Fernseher läuft. Dabei wird de facto
fast jede Sendung untertitelt, auch in Bars oder an Flughä-
fen – und kein Amerikaner stört sich daran. Man muss nur
die MUTE-Taste drücken, und schon verschwindet der Ton,
und der Untertitel wird eingeblendet. Es ist wirklich kein
Hexenwerk.

Ich frage mich, wieso sich Deutschland so schwer damit
tut, die Sendungen im Fernsehen zu untertiteln. Für jede
Form der fiktionalen Sendung, also Spielfilme oder Serien,
werden spätestens bei der DVD-Produktion oder dem On-
line-Angebot Untertitel, auch spezielle Gehörlosenfassun-
gen, angeboten. Wieso kann es diese Fassungen nicht gleich
bei der Erstausstrahlung geben? Oder nur bei ganz wenigen
Sendungen, wie zum Beispiel dem *Tatort*? Ist es für ein so
fortschrittliches und hochentwickeltes Land wie Deutschland wirklich ein unlösbares technisches Problem?

Es geht ja dabei nicht nur um Gehörlose oder Schwerhörige. Jeder, der Lust hat, die deutsche Sprache zu erlernen,
wird sich doch viel, viel leichter tun, wenn er sich nicht nur
auf das gesprochene Wort verlassen muss, sondern eine visuelle Hilfestellung bekommt. Darüber hinaus ist es doch
total angenehm, wenn in einer Kneipe nicht der Fernseher
plärrt, sondern man zum Beispiel einem Fußballspiel oder
einer Nachrichtensendung auch dann folgen kann, wenn
man den Originalton nicht hört.

In jeder Gruppe wird ganz von allein immer die Sprache gesprochen, die die meisten verstehen. Drei Deutsche, die Englisch beherrschen, und ein Amerikaner, der kein Deutsch spricht, würden in seiner Landessprache kommunizieren – das gilt allgemein als höflich. Ich würde mir wünschen, dass Gehörlose und Schwerhörige, aber auch Blinde in Deutschland in den Genuss kommen könnten, diese Höflichkeit zu erfahren. Den Hörenden würde dabei noch nicht einmal etwas weggenommen werden – sie würden nur etwas dazubekommen, nämlich Zweitonkanäle und eingeblendete Untertitel. In einem Land, das immer älter wird und damit langfristig immer schlechter sieht und hört, ist das eine Investition in die Zukunft.

Im Grunde geht es aber nicht nur um die Frage, wie die deutsche Gesellschaft mit Blinden oder Gehörlosen und der Mediennutzung umgeht, sondern um etwas viel Grundsätzlicheres: In welcher Welt wollen wir leben? Wollen wir diejenigen, die anders sind als wir, ausschließen? Oder sie integrieren und von ihren Fähigkeiten und Talenten profitieren? Wollen wir eine weltoffene und freundliche Gesellschaft sein, in der jedes Individuum seinen Platz findet? Oder wollen wir jeden, der nicht der Norm entspricht, ausschließen?

Der Mensch hat ein natürliches Bedürfnis dazuzugehören – Teil einer Gruppe (oder früher: eines Stammes) zu sein, sicherte sein Überleben. Das hat sich tief in unserer DNS verankert. Wir wollen zwischenmenschliche Bindungen eingehen, in Studien konnte sogar nachgewiesen werden, dass Menschen, die sich emotional ausbalanciert und zugehörig fühlen, länger leben als die Einsamen und sozial Isolierten.

Sich einer Gruppe angehörig fühlen, bedeutet automatisch, sich von einer anderen abzugrenzen. Die Verhaltensforschung geht davon aus, dass zum einen unsere Gene und zum anderen unsere Sozialisation, also das Umfeld, in dem wir aufgewachsen sind, und unsere Erziehung, darüber entscheiden, ob wir ein neugieriger und am Fremden interessierter oder skeptischer und tendenziell eher fremdenfeindlicher Mensch werden. Es ist also weder ausschließlich das Eine, noch das Andere.

Fakt ist: Unser Weiterleben wird nicht mehr davon bestimmt, ob die Grenzen unseres Jagdreviers eingehalten werden. Wir müssen uns nicht mehr mit anderen Stämmen um die dicksten Mammuts streiten, denn wir haben alles, und das auch noch im Überfluss. Es stellt in meinen Augen kein Problem dar, wenn wir unsere Ressentiments und unser Misstrauen gegenüber allem, was wir nicht kennen, zur Seite schieben und aufhören, uns den Kopf über alles zu zerbrechen, was passieren könnte.

Um die Feindlichkeit gegenüber dem Fremden schon von Anfang an einzudämmen, ist es wichtig, dass Kinder bereits im Kleinkindalter ein vertrauensvolles Verhältnis zur Welt entwickeln – so fällt es ihnen später leichter, sich allem Fremden gegenüber zu öffnen. Deshalb halte ich es auch für absolut sinnvoll und wichtig, dass in der Schule ein integrativer Ansatz verfolgt wird. Ich glaube, dass unsere Gesellschaft profitieren kann, wenn alle zusammen unterrichtet werden und voneinander lernen.

Als schulische Integration wird in der Pädagogik das Einbinden von Menschen mit Behinderung in den Regelunterricht bezeichnet. Heißt: In der Schule werden zum Beispiel Kinder mit Autismus, Lese-Rechtschreib-Schwäche, körperlicher oder geistiger Behinderung und so weiter mit Kindern ohne Beeinträchtigung beschult. Mir ist klar, dass es in der Praxis eine große Herausforderung ist, Schüler gemeinsam zu unterrichten, die so unterschiedliche Voraussetzungen mitbringen. Dennoch würde es unserer Gesellschaft oder eher: unserer Gesellschaft der Zukunft guttun, wenn sie schon von Beginn an lernen würde, aufeinander zu- statt voneinander wegzugehen.

Wer lernt, nicht nur seine Bedürfnisse zu erfüllen und die eigenen Interessen durchzusetzen, trägt zu einem offenen und respektvollen Miteinander bei. In Gruppen, in denen aufeinander eingegangen wird und sich das Lerntempo zum Beispiel nicht am Stärksten, sondern am Schwächsten orientiert, gibt es mehr Platz für alle und damit auch mehr Platz für neue Ideen und den Einzelnen.

In den USA, in denen bei Weitem nicht alles gut, aber manches einfach besser ist, wird Kindern bereits in der Grundschule das Fingeralphabet beigebracht. Nun könnte man denken: Klingt ja ganz nett, aber was soll das bringen? Nun, in den Staaten passiert es mir viel häufiger, dass Menschen, wenn sie begriffen haben, dass ich sie nicht hören kann, sich an ihr altes Wissen erinnern und in ihrer Erinnerung nach dem ABC der Gebärden kramen. So ist es mir schon einmal passiert, dass ich in einem Klamottenladen eigentlich nur nach einer Jeans in einer anderen

Größe fragen wollte, und die Verkäuferin plötzlich anfing, mir ihren Namen zu buchstabieren – natürlich in Gebärden. Das würde mir in Deutschland niemals widerfahren, denn hierzulande kennt kaum ein Hörender das Gebärdenalphabet.

Ich werde manchmal gefragt, ob ich lieber in den Staaten oder in Deutschland lebe. Die Antwort lautet: Ich möchte in einer Gesellschaft leben, in der alle auf bestmögliche Art und Weise integriert werden. Und als Gehörloser ist das für mich momentan Amerika. Ich stelle mir das Zusammenleben von Menschen oft wie einen Reißverschluss vor, ein Zahn greift in den anderen – und wenn einer verbogen ist, geht der ganze Reißverschluss nicht mehr zu.

In den USA gelte ich nicht als behindert und habe keinen Schwerbehindertenausweis wie in Deutschland. Mein Handicap wird zur Kenntnis genommen, aber es erlaubt mir keine Extrawürste. Veronica und ich nennen meinen deutschen Schwerbehindertenausweis manchmal auch »Arschlochausweis«, weil man sich mit diesem Wisch wirklich wie der letzte Arsch aufführen darf. Man darf kostenlos einen Begleiter mit ins Schwimmbad nehmen, das Gepäck wird einem getragen, man muss nie an Schlangen warten und darf sogar den Papst sehen. Kein Witz, als wir mal in Rom waren, bin ich mit meinem Ausweis einfach an der hundert Meter langen Warteschlange auf dem Petersplatz vorbeimarschiert und durfte direkt rein. Außerdem bin ich vom Rundfunkbeitrag befreit – was insofern zumindest halbwegs fair ist, weil ich ja tatsächlich kein Radio hören und, solange nicht endlich das gesamte Angebot untertitelt wird, auch nur einen Bruchteil der TV-Sendungen ansehen kann. Allerdings muss ich meinen Status alle paar Jahre wieder beim Beitragsservice der Öffentlich-Rechtlichen aufs Neue beantragen, beinahe so, als ob mein Gehörsinn über Nacht einfach wieder zurückkommen könnte. Natürlich würde ich, wäre dies der Fall, am nächsten Tag als Erstes beim Beitragsservice anrufen und beantragen, dass ich den vollen Satz zahlen darf. Klar.

So aber bin ich alle Schaltjahre dazu gezwungen, Veronica bei der Service-Hotline anrufen zu lassen, damit sie den Mitarbeitern erklärt, dass ich immer noch nicht hören kann. Beim letzten Mal schoss der Sachbearbeiter dann aber wirklich den Vogel ab, nachdem meine Frau ihm nämlich lang und breit erklärt hatte, dass ich tatsächlich keinen Piep hören könne, meinte er: »Und warum ruft Ihr Mann dann nicht selbst bei uns an?« Das verdeutlicht meiner Meinung nach recht gut, wie weit es um die emotionale Intelligenz und das gegenseitige Verständnis in unserem Land beschert ist.

Man könnte meinen, dass das Leben als Gehörloser in den Staaten schwieriger ist, aber genau das Gegenteil ist der Fall: Die Amerikaner, denen ja manchmal eine gewisse Beschränktheit in Bezug auf alles, was nicht amerikanisch ist, unterstellt wird, reagieren viel offener auf mein Defizit. Sie fragen direkt, ob ich irgendwann im Laufe meines Lebens ertaubt sei oder von Geburt an nichts hören könne, wollen wissen, wie ich kommuniziere, gratulieren mir zu meiner guten Aussprache und löchern mich mit Fragen, was dieses oder jenes Wort in Gebärdensprache heißt. Viele

Deutsche tun nichts davon, sondern gucken mich an wie das achte Weltwunder oder halten sich von mir fern, weil sie vielleicht befürchten, dass Gehörlosigkeit ansteckend ist oder ich eine Art Zombie bin.

Schade! Denn der Austausch wäre doch so wichtig. Ich wünsche mir, dass das Fach Kommunikation irgendwann einmal im Lehrplan der deutschen Schulen steht – am besten barrierefrei! Und wer weiß, vielleicht werde ich dann ja auch als Lehrer angefragt. Ich finde, es wäre eine tolle Gelegenheit, ein bisschen aus dem Alltag eines Gehörlosen zu erzählen und ihn für die hörenden Kinder verständlicher zu machen. Denn ich wünsche mir, dass sich die hörende Welt mehr auf die Stille der Gehörlosen einlässt. Die Welt mag für uns still sein, aber wir haben etwas zu sagen, also spitzt die Lauscher, öffnet die Augen und macht ein paar Lockerungsübungen. Wir können bestimmt viel voneinander lernen.

Was Hörende von Gehörlosen lernen können

- Sei dir darüber bewusst, dass **dein Körper Botschaften sendet**, bevor du auch nur ein Wort gesprochen hast. Wie du in einen Raum kommst, wie du stehst, ob du aufrecht und mit großen Schritten ankommst oder zögernd hineinschleichst, sagt bereits sehr viel über dich aus. Überlege dir deshalb im Vorfeld immer: *Wie möchte ich wirken?* Stell dich vor den Spiegel und nimm verschiedene Haltungen ein. In welcher fühlst du dich wohl? Welche spiegelt deine aktuelle Stimmung am besten wider?

- Wer seine **Hände beim Reden einsetzt** und mit Gesten seine Aussagen unterstreicht, wird von seinem Gegenüber vermutlich besser verstanden – egal ob hörend oder nicht. Setze deine Gestik bewusst ein, um eine Aussage oder einen Satz zu unterstreichen. Aber Vorsicht, zu heftiges Herumfuchteln wirkt übertrieben. Wie fast überall gilt: Die Dosis macht das Gift.

- Beziehe auch deine Mimik in die Kommunikation mit ein. Das bedeutet nicht, dass du übertrieben das Gesicht verziehen sollst – denn das wirkt unnatürlich und wird bei deinem Gegenüber eher für Verwirrung sorgen. **Authentische Mimik** macht Redebeiträge hingegen interessanter und spannender – das ist der Grund, warum wir besonders charismatischen Menschen, die über viel Mimik verfügen, gern bei ihren Erzählungen zuhören. Auch ein Lächeln kann über sehr viele Situationen hinweghelfen, in denen du dich unsicher oder sogar nervös fühlst, zum Beispiel bei einem Bewerbungsgespräch. Übrigens: Beim Lächeln aktivierst du bestimmte Muskelgruppen in deinem Gesicht, die wiederum Signale an dein Gehirn senden. Diese Signale sorgen dafür, dass du dich besser fühlst. Du kannst dich also zufriedenlächeln – ist das nicht ein Grund zur Freude?

- Hör auf zu labern und **komm auf den Punkt**! Oft denken Sprechende, dass sie ihre Aussagen verstärken, wenn sie sie im selben oder anderem Wortlaut wiederholen. Genau das Gegenteil ist jedoch der Fall! Eine überlegte, schnörkellose Aussage ist oft viel eindrucksvoller als minutenlanges Ausholen. Versuche bei deinem nächsten Ge-

spräch, schmückendes Beiwerk und nichtssagende Füll-
wörter einfach wegzulassen. Wie klingt der Satz »Ich
möchte dich sehen!« im Vergleich zu »Eigentlich würde ich
dich gern mal wieder treffen …«?

- Was ist die **Sprache deines Gegenübers**? Nimm sie wahr
  und lass dich darauf ein, egal ob es ein dir fremder Dia-
  lekt, eine unbekannte Sprache oder eine Gebärde ist, die
  du nur halbwegs verstehst. Und wenn die Kommunikation
  nicht so ganz einfach ist? Werde kreativ! Benutze Hände,
  Arme, Gesicht, Papier, Stift und notfalls auch das Smartphone, um dich zu verständigen.

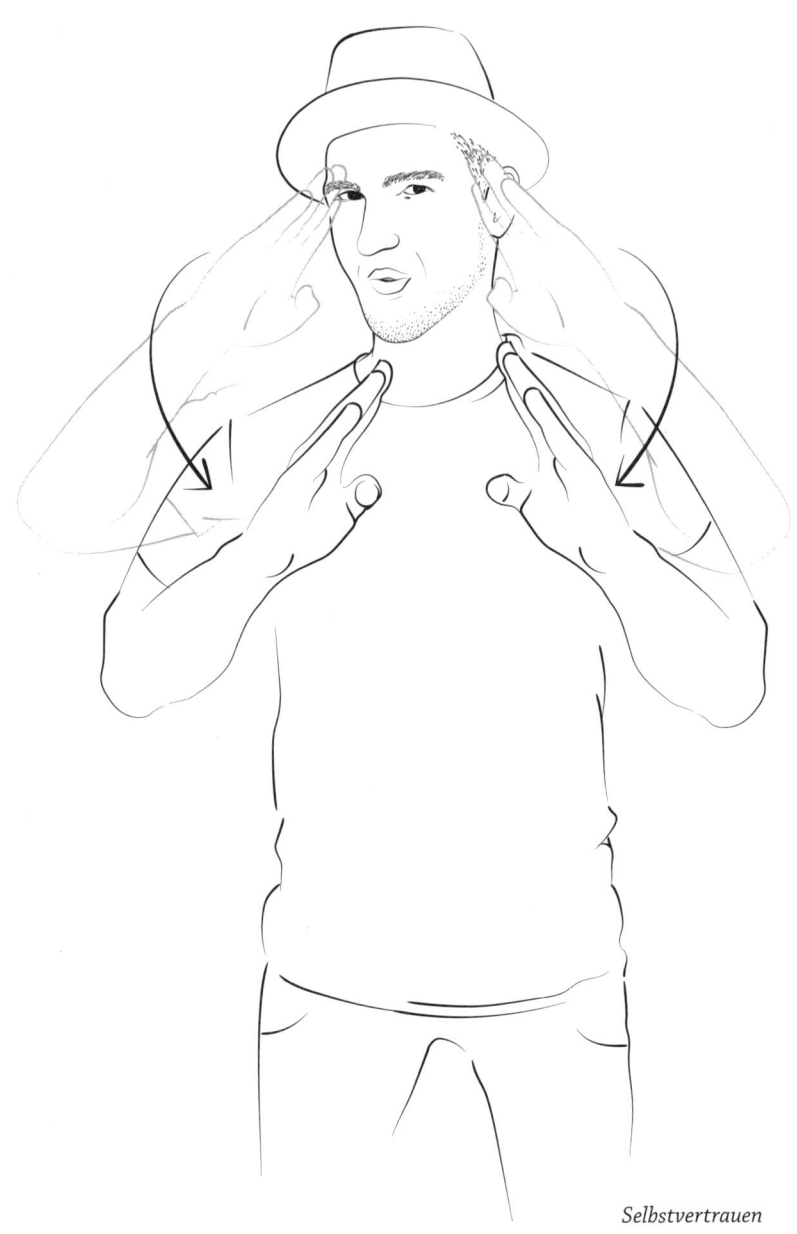

Selbstvertrauen

Über sieben Brücken musst du gehn

Nach dem Tod meiner Mutter brauchte ich eine Weile, um wieder auf die Beine zu kommen. Gerade die letzten Wochen hatten mich erschüttert. Meine Mutter war einfach nicht mehr die starke, unabhängige Frau gewesen, mit der ich die vergangenen fünfunddreißig Jahre verbracht hatte. Ich weiß nicht, wo die Seele hinreist, wenn der Körper gestorben ist. Aber ich weiß, dass meine Mutter mich immer noch begleitet, egal, wohin ich heute gehe.

Nur wenige Wochen nach dem Tod meiner Mutter wurde ich von einer TV-Produzentin angeschrieben. Sie erzählte mir, dass sie auf der Suche nach einem gehörlosen Schauspieler sei, der eine Hauptrolle in einem *Tatort* übernehmen solle. Da ich als tauber Kampfsportler, noch dazu mit eigener Schule in Hamburg, zu einer kleinen Lokalberühmtheit geworden war und einige Medien über mich berichtet hatten, war sie auf mich aufmerksam geworden. Außerdem dümpelte meine Karte wohl noch irgendwo in einer Kartei der Öffentlich-Rechtlichen herum, denn 2004 und 2006 hatte ich schon einmal in zwei *Tatorten* in Minirollen mitgewirkt. Nun lud man mich zum Casting ein. Das

Drehbuch stand bereits, allerdings gab es noch einige Möglichkeiten, das Script anzupassen. Zum Beispiel schlug mir
die Produzentin vor, den Arbeitsplatz, an dem die Figur,
die ich spielen sollte, arbeitete, in eine Tischlerei zu verändern, damit ich mich noch besser in die Rolle hineinfühlen
könne.

Mit Drehs hatte ich schon in meiner Jugend ein paar Erfahrungen sammeln dürfen. Gerade Kampfsportler sind
bei Film- und Fernsehproduktionen als Stunt-Doubles sehr
beliebt, und so hatte man mich bereits als Sechzehnjähri-
gen angesprochen und mir einige kleinere Rollen verschafft.
Allerdings war meine »Karriere« bald schon wieder ins Sto-
cken geraten, da die meisten Produktionsfirmen sich einfach nicht vorstellen konnten, dass ein gehörloser Stunt-
man genauso gut wie ein hörender war – vielleicht sogar
besser. Also hatte ich meine diesbezüglichen Ziele relativ
schnell ad acta gelegt und mich auf meine Kampfausbil-
dung konzentriert.

Und nun das! Eine Hauptrolle in einem 90-Minüter.
Wow. Nachdem ich den ersten Schock überwunden hatte,
bereitete ich mich intensiv auf das Casting vor. Niemand
war mehr überrascht als ich, als ich kurz darauf erfuhr, dass
ich die Konkurrenz ausgestochen hatte. Unglaublich! Nicht,
dass ich nicht an mich geglaubt hatte ... Aber es war doch
noch mal etwas anderes, wenn man mit seiner Überzeugung, dass man seine Sache gut gemacht hatte, plötzlich
nicht mehr allein dastand, sondern es mit einem Mal Menschen gab, die an einen glaubten. Und damit nicht genug.
Ich war sogar der erste gehörlose Schauspieler überhaupt,

der jemals eine so große Rolle in einem *Tatort* übernahm. Was für eine Ehre!

Ich bekam das Drehbuch und lernte meine Texte. Die Dreharbeiten fanden im Herbst im Saarland statt. Ich spielte den gehörlosen Ben Lehner, der zufällig mitbekommt, wie ein Mann einen Mord gesteht. Wie bereits erwähnt sitzt dieser Mann in einem geschlossenen Auto und kann von der Außenwelt eigentlich nicht verstanden werden. Da Ben Lehner aber, genau wie ich, das Lippenlesen beherrscht, erfährt er von dem Mord, indem er durch die Windschutzscheibe des Autos blickt, in dem der Mann gerade via Handy den Tod der Frau beichtet. Ein super Kniff im Drehbuch. Denn genau das ist die Stärke der Gehörlosen: Wir können durch Scheiben oder in extrem lauten Räumen kommunizieren. Wenn das keine geheime Superkraft ist, weiß ich auch nicht ...

Bei den Dreharbeiten war es mir wichtig, wie ein ganz normaler Darsteller behandelt zu werden. Ich gab mir Mühe, meine Sache gut zu machen, dem Team so aufgeschlossen wie möglich zu begegnen und vor allem alles aufzusaugen, was ich von den Profis lernen konnte. Vor allem Devid Striesow war eine echte Inspiration und Hilfe für mich.

Auch wenn sich das ganze Team hervorragend und beispielhaft auf den gehörlosen Teil der Crew einstellte, kam es doch zu einigen komischen Momenten. Einer war, als ich mich für eine Szene in einer Ecke verkriechen sollte. Ich kauerte nun also in meinem Versteck und wartete und wartete und wartete. Niemand kam und gab mir ein Signal, dass ich rauskommen konnte. Nach einer gefühlten Ewigkeit, in der ich das Für und Wider, unter Umständen einfach in einen Take zu platzen, gegeneinander abgewogen hatte, entschied ich mich dazu, nicht mehr länger zu warten. Mit steifen Beinen stakste ich zurück ans Set, und die Aufnahmeleiterin sah mich mit großen Augen an. »Ach du heiliger Bimbam«, meinte sie und hob entschuldigend die Hände. »Dich haben wir ja total vergessen!«

»Wo sind denn die anderen?«, fragte ich.

Sie drehte verlegen ihr Memoboard. »Äh ... schon in der Mittagspause. Wir haben entschieden, die Szene nach dem Lunch noch einmal zu wiederholen, und irgendwie ist uns da wohl entgangen, dass du noch in der Ecke gesessen hast. Sorry!«

Trotz solcher kleinerer Malheure: Die Dreharbeiten des Saarbrücker *Tatorts* gehören zu den schönsten Erinnerungen meines Lebens. Ich verspüre eine gigantische Freude, wenn ich vor der Kamera meine Gefühle ausdrücken darf. Ich habe niemals eine Schauspielschule besucht, agiere rein intuitiv und sauge jeden Tipp auf wie ein trockener Schwamm. Am Set von *Totenstille* waren hörende und gehörlose Schauspieler absolut gleichberechtigt. Das war eine tolle Erfahrung. Ich würde mir wünschen, dass es noch mehr solche Produktionen gäbe, in denen ich weitere Hauptrollen übernehmen könnte. Am liebsten würde ich mal in einer internationalen Produktion mitwirken. In Amerika werden ja sowieso alle Filme untertitelt, es dürfte also kein Problem darstellen, einen gehörlosen Charakter auf die Leinwand zu bannen. Wer weiß, vielleicht bekomme ich ja bald den berühmten Anruf aus Hollywood ...

Der fertige Film wurde am 24. Januar 2016, fast genau ein Jahr nach dem Tod meiner Mutter ausgestrahlt und vom Publikum – er hatte über neun Millionen Zuschauer – sehr wohlwollend aufgenommen.

Eine tolle Idee des Drehbuchteams war es, die Passagen in Gebärdensprache nicht zu untertiteln, wie man es normalerweise aus Filmen kennt. Die Autoren wollten nämlich, dass sich Hörende einmal genauso fühlen wie Gehörlose, wenn sie einen nicht-barrierefreien Film sehen. Natürlich war es möglich, den Untertitel via Videotext einzublenden – aber ich fand den Einfall wirklich gut, beim Zuschauer für etwas Verwirrung zu sorgen. So musste auch das Publikum rätseln und Schlüsse aus dem Zusammenhang ziehen – genau wie Gehörlose es den lieben langen Tag tun müssen.

Der gehörlosen Community war es dennoch nicht konsequent genug. Im Anschluss an die Ausstrahlung las ich einige Rezensionen und Kritiken, in denen bemängelt wurde, dass ich zu langsam gebärdet hätte. Dazu kann ich nur sagen: Mein Wunsch war es, die Menschen auf beiden Seiten der Brücke zu erreichen, die Hörenden ebenso wie die Gehörlosen.

Also verstand ich es als meine Pflicht, nicht in Normalgeschwindigkeit zu gebärden, sondern denen, die diese Sprache noch nicht kennen, die ihr eigene innewohnende Schönheit zu zeigen. Das geht nicht, wenn sie nur rasend schnelle Gebärden sehen – genauso wenig, wie ich verstehe, was ein Sprechender sagt, wenn er so schnell redet, dass sich seine Worte überschlagen.

Ich bin froh, dass ich mir im Vorfeld keine Gedanken über das Tempo meiner Gebärden gemacht hatte – denn das hätte mich unter Umständen nur verunsichert. Ich tat, was ich für richtig hielt, und bin dankbar, dass ich mir nicht habe reinreden lassen. Meine innere Stimme hatte mir gesagt, ich solle für alle Zuschauer verständlich sein, die hörenden wie die gehörlosen. Ich fand einen Weg, dem Ruf dieser Stimme zu folgen – und auch wenn er nicht jedem gefiel, blieb ich mir selbst treu und ließ mich nicht beirren.

Ein großes Geschenk für mich war, dass ich durch den *Tatort* meine Liebe zur Schauspielerei entdecken durfte. Wenn ich für etwas brenne, dann tue ich es zu einhundert Prozent. Und die Schauspielerei hat mich sofort für sich eingenommen. Ich finde es toll, vor der Kamera meinen Gefühlen freien Lauf zu lassen. In *Totenstille* gibt es eine Szene, in der mein Charakter in der Gefängniszelle sitzt. Seine Freundin ist gerade tot aufgefunden worden, und man hält ihn für den Mörder. Ich konnte mich richtig gut in die Situation Ben Lehners hineinversetzen und brüllte meine Frustration heraus. Ich kann ja nicht hören, wie laut mein Urschrei war, aber bis heute bin ich erstaunt, welche Kräfte ich in dieser Sekunde entfesseln konnte. Die Adern an meinem Hals treten hervor wie beim unglaublichen Hulk, und ich werfe die Liege durch die Zelle, als wäre sie aus Papier. Ich wusste schon vorher, dass es mir leichtfällt, meinen Körper sprechen zu lassen – aber was ich da vor der Kamera ablieferte, überraschte mich selbst am meisten. Eigentlich ist es nicht gerade meine größte Stärke, mich fallenzulassen und die Kontrolle abzugeben. Doch in diesem Moment war ich in der Lage, mich voll und ganz in die Rolle hineinzufühlen und die Verzweiflung der Figur am eigenen Leib zu spüren. Vermutlich ist meine Darstellung deswegen glaubwürdig, und vielleicht ist das der Grund, warum einige mir wohlgesonnene Medien nach der Ausstrahlung schrieben, ich hätte die Ermittler an die Wand gespielt. So weit würde ich natürlich nicht gehen. Aber es freut mich bis heute, dass mein Talent entdeckt wurde und ich es in dieser großartigen Rolle entfalten konnte.

Selbstzweifel habe ich glücklicherweise nur sehr selten. Mir wurde, solange ich lebe, oft genug gesagt, was ich alles *nicht* schaffen kann. Nicht von meiner Mutter, denn die war meine größte Unterstützerin, aber von meinem Umfeld. Von Lehrern, Bekannten, von der Gesellschaft im Allgemeinen. Als Gehörloser kann man nicht ... ja, was denn nicht? Sänger werden? Okay, das stimmt in meinem Fall tatsächlich, denn ich singe so schief, dass sich die Tapeten von den Wänden lösen. Aber wieso sollte mich die Gehörlosigkeit davon abhalten, Schauspieler zu werden? Wenn ich mich übermäßig mit all den Überzeugungen der Außenwelt auseinandersetzen würde, die mir glaubhaft machen wollen, was ich alles *nicht* kann, würde ich mich vermutlich eingraben. Deswegen möchte ich auch nicht der Typ sein, der nicht hören kann – sondern Benjamin, der sich als Kampfsportler international einen Namen gemacht und in seinem Leben bereits für die eine oder andere Überraschung gesorgt hat.

Bestimmt hast auch du schon einmal die Erfahrung gemacht, dass du für einen großen Traum oder ein Ziel belächelt wurdest. Meistens von Menschen, die älter und erfahrener sind – und die möglicherweise vergessen haben, wie es sich anfühlt, an eine Sache zu glauben. Oder aber von Leuten, die neidisch sind und dir deinen Traum madig machen wollen. Die nicht ertragen, dass du an etwas glaubst, sie aber nicht.

Im schlimmsten Fall bist du selbst dein größter Zweifler. Es kommt nicht selten vor, dass die wunderbarsten Menschen mit den größten Talenten die massivsten Selbstzweifel haben. Ich kann dir dazu nur eines sagen: Wenn du anfängst, an dir zu zweifeln, haben schlechte Menschen gute Arbeit geleistet. Denn eigentlich kommen wir mit jeder Menge Urvertrauen auf die Welt. Als Babys und Kleinkinder haben wir keine Zweifel – nicht an uns, nicht an unseren Fähigkeiten. Wenn wir die hätten, würden wir uns niemals trauen, uns irgendwann auf die Füße zu ziehen und die ersten Schritte zu machen.

Wie entstehen Selbstzweifel also? Grundlage sind negative Glaubenssätze, die wir alle in uns tragen. Jeder Mensch hat seine eigenen Glaubenssätze, also im Gehirn festbetonierte »Wahrheiten«, die man im Laufe des Lebens aufgeschnappt oder eingetrichtert bekommen hat, meistens von nahestehenden Personen oder Erziehungsberechtigten, Lehrern, Vorbildern und so weiter. Glaubenssätze können gut (»Du kannst im Leben alles erreichen!«) oder schlecht sein. Ein richtig hinderlicher Glaubenssatz ist zum Beispiel: »Nur schöne Menschen werden erfolgreich.« Oder: »Ich bin es nicht wert, geliebt zu werden.« Oder auch: »Als Gehörloser kann man im Leben weniger erreichen.«

Glaubenssätze beeinflussen unser Handeln, und zwar vollkommen unterbewusst. Das ist ziemlich fies, wenn sie negativ sind, denn man spürt sie nur sehr schlecht auf. Es gibt sehr individuelle Glaubenssätze, die in Familien von Generation zu Generation weitergegeben werden (beispielsweise »Geld stinkt« oder »Männer sind untreu«), aber auch gesellschaftliche Glaubenssätze, die sich wie Unkraut im Vorgarten halten. In Deutschland gilt beispielsweise das ungeschriebene Gesetz: Wer Fehler macht, wird bestraft. Das muss keine körperliche Strafe sein, aber ganz sicher ist es eine emotionale. Fehler sind schlecht. Es zählen nur Siege und Erfolge. Das nährt die Angst: *Was passiert, wenn ich einen Fehler mache?* Und fördert, dass wir umgeben von Zauderern und Zögerern sind und so viele Versicherungen abschließen, weil wir uns immer für den Worst Case absichern wollen.

In Amerika gilt ein anderer Glaubenssatz. Jeder kennt ihn unter dem Namen »The American Dream«, und er bezeichnet die Überzeugung, dass jeder Mensch durch harte Arbeit und unabhängig von seinem derzeitigen Wohlstand in der Zukunft einen höheren Lebensstandard erreichen kann. Rückschläge oder Niederlagen nehmen die Amerikaner deswegen sportlicher als die Deutschen, denn es ist in ihrem Selbstverständnis tief verankert, dass sie hart arbeiten müssen, um Erfolg zu haben – und zu dieser harten Arbeit gehören Fehler und Niederlagen eben dazu. Warum wohl gibt es in Amerika so viele Self-Made-Millionäre? Weil der amerikanische Traum als innere Haltung tief im Unterbewusstsein der Nation verwurzelt ist.

Wer Selbstzweifeln einmal Raum zur Entfaltung gegeben hat, wird sie nur schwer wieder los. Die häufigsten Folgen von Selbstzweifeln sind Perfektionismus, Versagensängste, Unsicherheit und ein negatives Selbstbild. Falls auch du davon betroffen bist, möchte ich dir mit auf den Weg geben: Glaub nicht alles, was du über dich denkst! Du bist mehr, und du kannst mehr. Es sind die anderen, die durch ihre Aussagen Zweifel und Ängste in deinem Unterbewusstsein gesät haben. Diese hemmenden Gefühle gehören nicht zu dir – sie verhindern vielmehr dein Wachstum und sorgen dafür, dass du dich kleiner fühlst, als du bist.

Interessanterweise führt genau das dazu, dass du am Ende wirklich weniger Glück hast im Leben. Denn Gedanken können Realität werden. Hast du schon einmal von der selbsterfüllenden Prophezeiung gehört? Dabei handelt es sich um eine Vorhersage, die auf direktem oder indirektem Weg Mechanismen in Gang setzt und somit in Erfüllung geht. Eigentlich eine super Sache, wenn man etwas Positives erreichen will. Man formuliert eine zielsetzende Vorhersage und verankert einen bestärkenden Glaubenssatz in seinem Unterbewusstsein. Dieser Glaubenssatz wird zu einer inneren Haltung, die man – ganz unbemerkt – in die Welt hinausträgt. Man fängt an, davon auszugehen, dass sich die Vorhersage erfüllt. Und siehe da: Wie von Zauberhand passiert genau das. Die Vorhersage trifft zu. Man bekommt, was man sich gewünscht hat. Abrakadabra.

Die selbsterfüllende Prophezeiung

Solange man die selbsterfüllende Prophezeiung für positive, bestärkende Ziele anwendet, ist die Methode absolut zu empfehlen. Denn für alle Glaubenssätze oder inneren Haltungen werden wir eine Bestätigung erhalten, die unser Mindset wiederum bestärkt und dazu beiträgt, dass unsere Träume in Erfüllung gehen.

Unglücklicherweise benutzen viele Menschen jedoch ihre hemmenden Glaubenssätze als Startpunkt und geraten so in eine negative selbsterfüllende Prophezeiung. Das ist nicht nur so ärgerlich, weil man sich damit vorbildlich selbst manipuliert, sondern besonders blöd, weil die negativen Glaubenssätze ja von außen kommen. Du schaffst dir also, wenn du dich auf das Spiel einlässt, in null Komma nichts eine Art Abwärtsspirale, deren Beginn die negative Überzeugung eines anderen Menschen war und die rein gar nichts mit dir zu tun hat. Et voilà, fertig ist der selbsterfüllende Teufelskreis.

Der selbsterfüllende Teufelskreis

Du glaubst mir nicht, dass deine negativen Glaubenssätze deine Realität beeinflussen? Dann nimm doch einmal einen dieser Glaubenssätze von dir. Irgendeine Überzeugung, die ganz tief in dir drin ist. Das kann alles Mögliche sein, beispielsweise: *Ich bin nicht attraktiv, Erfolg haben immer die anderen, Das schaffe ich sowieso nicht, Lieber den Spatz in der Hand als die Taube auf dem Dach, Ich kann nicht gut mit Geld umgehen,* usw.

Ich bin sehr gespannt, auf welche Ergebnisse du stößt. Vermutlich auch, dass deine Gedanken deine Realität nicht nur beeinflussen, sondern erschaffen. Sei dir dessen immer bewusst und versuche, negative Glaubenssätze und hemmende innere Haltungen aus deinem Gehirn zu verbannen!

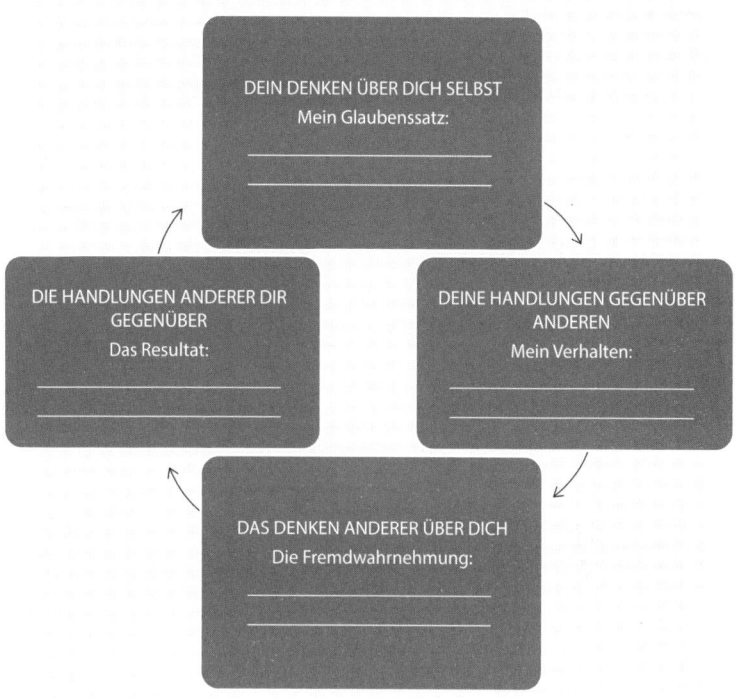

Als Kind wurde ich oft von anderen Kindern geärgert. Sie sagten mir zum Teil sehr gemeine Sachen – dass ich dumm sei, war da noch ziemlich harmlos. Aber ich habe gelernt, mit diesen Meinungen umzugehen und sie nicht zu meinen eigenen Überzeugungen zu machen. Heute lasse ich negative Kommentare einfach an mir vorüberziehen. Ich sage immer: zum einen Auge rein, zum anderen Auge raus. Es bringt nichts, sich mit Dingen zu beschäftigen, die den Glauben an mich selbst angreifen.

Meinem jüngeren Ich würde ich gern etwas mit auf den Weg geben: *Egal, was die Leute sagen, egal, wie oft sie dich glauben lassen wollen »Das schaffst du nicht« oder »Das kannst du nicht« – ignorier sie einfach und mach weiter. Hör auf dich selbst und spar dir die Energie, dich mit ihnen auseinanderzusetzen. Du bist der Einzige, auf dessen Urteil es in deinem Leben ankommt. Ich glaube an dich, und du kannst es auch!*

Ich bin der Meinung, dass jeder alles schaffen kann. Wenn es einem gehörlosen Tischler aus Hamburg gelingt, ohne Schauspielausbildung eine Hauptrolle in einem *Tatort* zu ergattern, was denkst du, was du alles leisten kannst, wenn du den Gedanken erst einmal zulässt? Ich hatte nicht nur Glück – ich habe immer an mich geglaubt und tue es noch heute. Meine Behinderung ist für mich kein Grund, mich hinter ihr zu verstecken. Vielmehr motiviert sie mich dazu, mehr zu sein als der, der ich gestern noch war. Ich möchte wachsen, jeden Tag, will lernen und mich weiterentwickeln.

Das kann ich nur, wenn ich mich traue und Dinge ausprobiere, wenn ich mir erlaube, an der einen oder anderen Stelle zu scheitern. *Trial and error*, Versuch und Irrtum, ist eine Methode, Probleme zu lösen. Dabei werden so lange Lösungsmöglichkeiten ausprobiert, bis die gewünschte Lösung gefunden wurde. Fehlschläge werden dabei nicht nur in Kauf genommen, sondern erwartet. Im Kampfsport lernt man, mit Rückschlägen oder falschen Lösungswegen umzugehen. Mich macht es glücklich, wenn ich anderen Leuten mein *Trial-and-error*-Lebensprinzip nahebringen und sie darin unterstützen kann, ihren Lebensweg zu finden. Es geht nicht immer auf direktem Weg zum Erfolg.

Umwege sind nötig, genau wie Irrwege und Sackgassen. Sieben Brücken besingen Karat in ihrem gleichnamigen Lied. Das heißt auch sechs Mal danebenliegen, scheitern, irren, von vorn anfangen. Das ist das Leben, das gehört dazu! Ich möchte ein Vorbild sein und zeigen, dass man alles schaffen kann – egal ob man hört oder nicht.

Zugegeben: Auch ich werde immer wieder vor Prüfungen gestellt. Ende des Jahres 2016 war in meinem Leben eigentlich alles gut. Ich war mit einer wunderschönen Frau verheiratet, die mich in allem unterstützte, führte mein eigenes Kampfsportstudio in Hamburg und hatte gerade erst eine Hauptrolle in einem der beliebtesten TV-Krimis Deutschlands gespielt. Ich war auf Wolke sieben. Aber wie man weiß, ist der Absturz von weit oben ganz besonders tief.

Es muss ein paar Wochen vor Weihnachten gewesen sein. Mitten in der Nacht wurde ich von unglaublichen Schmerzen aus dem Schlaf gerissen. Die rechte Seite meines Oberkörpers brannte wie Hölle. Ich hatte Schwierigkeiten, richtig zu atmen, und mein Puls raste. Solche Schmerzen hatte ich noch nie gehabt – und ich habe mir schon mal eine Rippe gebrochen. Ob ich mir möglicherweise die Lunge verletzt hatte? Davon hörte man ja immer wieder, dass ein Knochensplitter sich in das Lungengewebe drückte und dort eine heftige Entzündung auslöste. Die Schmerzen waren auf jeden Fall unerträglich.

»Ich muss ins Krankenhaus«, sagte ich zu meiner Frau.

Leider wusste man in der Notaufnahme jedoch auch keinen Rat, weshalb man mich wieder nach Hause schickte.

Insgesamt viermal fuhr ich ins Krankenhaus – und immer schickte man mich wieder nach Hause. Erst als ich beim fünften Mal mit dem Krankenwagen eingeliefert wurde, weil ich mich vor Schmerzen kaum noch aufrichten konnte, wurde ich stationär aufgenommen.

»Wir müssen Ihre Vitalwerte im Blick behalten«, erklärte mir die behandelnde Ärztin. »Ihre Entzündungswerte sind massiv erhöht, aber wir finden den Entzündungsherd nicht. Solche Werte sieht man eigentlich nur bei schwerwiegenden inneren Verletzungen.«

Ich stöhnte und beugte mich weit nach vorn, um die nächste Schmerzsalve auszuatmen. Glücklicherweise wurde ich kurz darauf an einen Tropf mit Schmerzmitteln gehängt und fiel zumindest stundenweise in einen unruhigen Schlaf.

Am nächsten Morgen ging es mit den Untersuchungen weiter. Ich wurde von den Ärzten einmal auf links gedreht, und doch ging es mir von Stunde zu Stunde schlechter. Einige Tage später lag ich im Delirium. Das Einzige, was ich mitbekam, war, dass die Betten um mich herum immer wieder neu belegt wurden.

»Wo gehen all die Leute hin?«, fragte ich meine Frau am zweiten Tag, den ich in dem neblig-dumpfen Dämmerzustand verbrachte.

»Ich glaube, sie sterben«, flüsterte sie mit vor Schreck weit geöffneten Augen. Und dann flehte sie mich an: »Halt durch, Benjamin, bitte.«

Das Atmen fiel mir auch nach sieben Tagen im Krankenhaus noch schwer. Immer wieder fragte ich die Ärzte, warum wir denn kein MRT machten – eine Kernspintomografie, mit der man sich das Innere des Körpers ansehen konnte. Die Ärztin, die mich behandelte, sagte nur: »Das ist nicht nötig.«

Ich fragte jeden Tag nach dem MRT. Ich war mir sicher, dass etwas Dramatisches in meinem Körperinneren vor sich ging. Mein Körper ist schließlich mein Werkzeug, ich kenne ihn ganz genau. Meine Werte wurden immer schlechter, parallel dazu wurde mir immer mehr Morphium verabreicht. Doch nichts half gegen die Schmerzen.

Dann wurde meine behandelnde Ärztin krank, und ich bekam einen neuen Arzt. Er stellte fest, dass ich Wasser in der Lunge hatte und mir das Atmen deshalb so schwerfiel.

Es wurde beschlossen, mir ein Loch in den Brustkorb zu schneiden und mithilfe eines Schlauches das Wasser aus der Lunge zu lassen. Das klingt brutal und nach einer Behandlungsmethode des 18. Jahrhunderts, und als mir klar wurde, dass sie die Drainage nicht etwa in einem Operationsraum, sondern in meinem Krankenzimmer legen wollten, fiel ich vor Entsetzen fast in Ohnmacht. An welche Kurpfuscher war ich denn hier bitte geraten? Hatten die noch nie was von Krankenhauserregern gehört? Das war doch grob fahrlässig! Hier war doch nichts sterilisiert!

Doch ich hatte keine Zeit zu widersprechen. Denn ehe ich's mich versah, wurde meine Haut desinfiziert und ein grünes Tuch mit Schlitz darin unter meinem Rippenbogen platziert.

»Bekommt er denn keine Betäubung?«, wollte Veronica noch wissen, da injizierte der Arzt mir auch schon eine durchsichtige Flüssigkeit – natürlich genau dorthin, wo es am meisten wehtat.

»Sie warten besser draußen«, sagte er zu meiner Frau und schob sie auf den Flur.

Offensichtlich wollte man nicht mehr warten, bis die örtliche Narkose wirkte, und fing direkt an, an mir herumzuschnippeln. Ich schrie vor Schmerzen, vor allem als sie mir den Schlauch zwischen die Rippen schoben. Als Kampfsportler hatte ich in meinem Leben schon einiges eingesteckt – aber diese Qualen waren eine Erfahrung, auf die ich sehr gern verzichtet hätte.

»Der Schlauch ist drin«, vermeldete der Arzt. »Aber ... Mist.«

»Was ist los?« Ich hörte nichts, aber ich sah das entsetzte Gesicht eines Pflegers.

»Die Flüssigkeit in zu dickflüssig, um ablaufen zu können. Es sieht fast aus wie Gelee.«

»Ich möchte ein MRT«, bettelte ich ihn an.

Er betrachtete nachdenklich meine Patientenakte und sagte: »Ja, das halte ich für eine gute Idee.«

Innerhalb einer Stunde wurde ich zum MRT gebracht und bekam endlich die Behandlung, die man mir schon am ersten Tag hätte angedeihen lassen sollen.

»Es ist wirklich ein Wunder, dass Sie noch am Leben sind«, meinte mein behandelnder Arzt. »Sie haben da etwas an der Lunge, möglicherweise einen Tumor, der vermutlich eine Lungenembolie ausgelöst hat. Wir müssen Sie in ein anderes Krankenhaus verlegen. Dort werden Sie sofort operiert.«

Wie bitte? War das sein verdammter Ernst? Ich konnte es nicht glauben und sah entsetzt zu meiner Frau. Veronica übersetzte mit zitternden Fingern, was der Arzt gesagt hatte.

Ich fragte: »Aber ich werde überleben. Oder?«

Der Arzt sagte, nachdem meine Frau meine Frage in die Lautsprache übersetzt hatte, lange nichts. Dann meinte er: »Das kann ich leider nicht versprechen.«

Und plötzlich ging alles ganz schnell. Ich wurde in eine andere Klinik gebracht, für die Notoperation vorbereitet und verabschiedete mich kurz darauf von Veronica. Die Angst schnürte mir die Kehle zu. Ich war wie gelähmt vor Sorge, meine Frau nie mehr wiederzusehen. Gleichzeitig fürchtete ich mich davor, wieder aufzuwachen und dieselbe Diagnose wie meine Mutter zu bekommen: *Wir haben den Tumor entfernt, aber leider, leider …*

Dann wurde alles dunkel.

Als ich die Augen wieder aufschlug, hatte ich keine Ahnung, wo ich war. Es dauerte Ewigkeiten, bis mein Geist so klar war, dass ich Erinnerungsfetzen darin fand. Das Krankenhaus. Der Schlauch mit Gelee. Diese unfassbaren Schmerzen. Der Tumor …

Ich machte mich durch einige Laute bemerkbar. Wo war meine Frau? Eine Krankenschwester kam und beugte sich über mich. Ich konnte ihre Lippen nicht lesen, weil sie einen Mundschutz trug.

»Wo ist meine Frau?«, fragte ich sie, aber sie schien mich nicht zu verstehen. Ich wiederholte die Frage. »Wo ist meine Frau?« Doch die Krankenschwester behielt ihren Mundschutz auf und verschwand.

Ich dämmerte weg. Als ich wieder wach wurde, war ich deutlich klarer. Wie viel Zeit war vergangen? Wo war Veronica? Und was war bei der OP herausgekommen? Hatten sie den Tumor entfernen können? Hatte er schon gestreut, und würde ich genauso elendig sterben wie meine Mutter?

Ein Pfleger kam in den Raum. Er stellte sich neben das Bett, um meinen Blutdruck zu messen, und ich packte ihn beim Arm. »Mein Name ist Benjamin Piwko«, erklärte ich in so deutlichen Worten, wie ich zu artikulieren in der Lage war, »ich wurde am 11. April 1980 in Hamburg geboren. Meine Frau heißt Veronica Miller. Ich möchte sie bitte sprechen.«

Der Pfleger sah mich verständnislos an.

Ich wiederholte meinen Satz: »Mein Name ist Benjamin Piwko, ich wurde am 11. April 1980 in Hamburg geboren. Meine Frau heißt Veronica Miller. Ich möchte sie bitte sprechen.«

Immer noch zeigte der Pfleger keine Reaktion. War der taub, oder was? Ich ließ mich in die Kissen zurücksinken und versuchte, die Panik zurückzudrängen, die sich langsam in mir breitmachte. Meine Hand tastete zur rechten Seite meines Oberkörpers. Ich fühlte den Schlauch, der offenbar immer noch in meiner Lunge steckte. Verdammt! Und aufstehen konnte ich auch nicht. Meine Beine fühlten sich an wie Gummi, und immer wieder sackte mir der Kreislauf weg.

In der nächsten Stunde sprach ich jeden an, der in den Aufwachraum hineinkam. Immer wieder sagte ich meinen Namen, wann ich geboren war und dass ich meine Frau sprechen wolle. Ich war mir nicht sicher, wie deutlich ich sprach, denn mein Körper war noch von Schmerzmitteln geflutet. Ich weiß aber noch, dass ich immer wieder dachte: Warum versteht mich keiner? Wo ist Veronica? Wieso hilft mir denn niemand?

Eine Geschichte kam mir immer wieder in den Sinn. Ich hatte mal von einem Gehörlosen gehört, der vom Arzt erfuhr, dass er Krebs hatte. Aus Verzweiflung nahm sich der Gehörlose das Leben. Nach seinem Tod stellte sich heraus, dass der Mann den Arzt falsch verstanden hatte. Er war kerngesund gewesen.

Ich weiß heute, dass meine Gedanken damals Amok liefen. Ich war an der Lunge operiert worden und stand noch ziemlich unter dem Einfluss der Medikamente. Die Geschichte mit dem krebskranken Gehörlosen hatte rein gar nichts mit mir zu tun. Und dennoch fühlte ich mich so hilflos und einsam wie selten zuvor in meinem Leben.

Immer wieder versuchte ich, von den Lippen des Krankenhauspersonals abzulesen, aber mein Hirn war noch so benebelt, dass ich immer wieder wegdriftete und auch nicht klar erkennen konnte, was sie sagten. Ich wiederholte meinen Satz wie ein Mantra. Doch niemand hörte mir zu. Warum verstand keiner, was ich sagte? Wieso war meine Frau nicht da? Oder ein Dolmetscher? Irgendjemand, der meine Gebärden oder mein Gestammel übersetzen konnte?

Irgendwann wurde die Tür aufgerissen, und meine Frau stürmte in den Raum. »Liebling!« Sie stürzte zu meinem Bett und umarmte mich behutsam. »Es tut mir so leid. Das Krankenhauspersonal hat mir verboten, neben deinem

Bett zu warten. Ich wollte hierbleiben, aber sie haben mich weggeschickt. Ich habe ihnen gesagt, dass du vermutlich früher zu dir kommst, weil die Narkose bei dir ja nie so lange anhält, aber das haben sie mir nicht geglaubt«, sprudelte es aus ihr heraus. »Ich war nur kurz zu Hause, um ein paar frische Klamotten zu holen. Es tut mir so leid, dass ich nicht da war, als du aufgewacht bist!«

»Langsam, langsam«, sagte ich. »Du hast den Pflegern gesagt, dass ich immer früh aus der Narkose aufwache? Und sie haben dich trotzdem nach Hause geschickt?«

Sie nickte. »Es tut mir so leid … Ich war höchstens eine Stunde weg, nicht länger.«

»Ist schon okay«, erwiderte ich matt. »Ist ja nicht deine Schuld.« Doch insgeheim ärgerte ich mich maßlos. Ich fragte mich, warum es in diesem Land so schwierig war, auf die Bedürfnisse eines Gehörlosen einzugehen. Immerhin wusste man aus den Überweisungen und meiner Anamnese auch in diesem Krankenhaus, dass ich nicht hören konnte! Statt sich auf mich einzustellen, schickte man die einzige Person weg, die mich verstehen konnte, die auch für mich übersetzen konnte, und überließ mich meinem Schicksal. Na, schönen Dank auch.

Die Tür ging auf und riss mich aus meinem lautlosen Groll. Ein Pfleger kam in den Raum und baute sich vor dem Bett auf.

»Herr Piwko. Wie geht es Ihnen? Sind Sie wieder wach?«

»Entschuldige«, unterbrach ich ihn. »Ich bin gehörlos und kann dich nicht richtig verstehen. Kannst du bitte langsamer sprechen, dann kann ich deine Lippen lesen.«

»Wie bitte?!« Ich hörte die Stimme des Pflegers nicht, aber ich sah seinem Gesicht die Entrüstung an. »Sie siezen mich gefälligst!«

»Entschuldigen Sie«, mischte Veronica sich ein. »Mein Mann hat das nicht so gemeint. Aber in der Gebärdensprache gibt es kein Sie, und er ist noch sehr benommen von der Narkose ...«

»Wissen Sie was?«, schrie der Pfleger laut. »Das ist mir egal! So muss ich mich nicht behandeln lassen.«

Sprach's, machte auf dem Absatz kehrt und marschierte wutentbrannt davon. Er ließ bei seinem Abgang sogar die Tür ins Schloss knallen. Vollkommen sinnlos, ich konnte das Geräusch ja ohnehin nicht hören.

Ich sah müde zu meiner Frau. »In was für einem Irrenhaus sind wir hier eigentlich gelandet?«

Sie zuckte mit den Schultern. »Ich weiß es nicht. Aber sobald es geht, hole ich dich hier raus.«

Es dauerte noch ein paar Tage, bis ich entlassen werden konnte. Wie ich von einem der anderen Ärzte erfuhr, der so freundlich war, das medizinische Kauderwelsch des Operationsberichts für mich zu übersetzen, war der Tumor vollständig entfernt worden und die Lungenembolie abgeklungen. Die beste Nachricht aber war: Der Tumor hatte nicht gestreut. Ich hatte keinen Krebs und würde weder Bestrahlung noch Chemotherapie über mich ergehen lassen müssen.

Nur einen Wermutstropfen gab es. Ich würde einen Blutverdünner nehmen müssen. Und zwar bis ans Ende meines Lebens.

»Das Risiko ist einfach zu groß, dass sich wieder ein Blutgerinnsel bildet, Herr Piwko«, erklärte mir mein behandelnder Arzt, der um einiges netter war als der Idiot mit dem Standesdünkel. »Ich werde das in den Bericht an Ihren Hausarzt schreiben.«

»Okay«, sagte ich und dachte mir nichts weiter dabei. Ich war einfach nur froh, nach zwei Wochen endlich aus der Klinik entlassen zu werden.

Wie froh ich damals war. Und erleichtert. Ich war gerade noch so mit einem blauen Auge davongekommen. Zwar war der Aufenthalt im Krankenhaus alles andere als ein Zuckerschlecken gewesen, und die Schmerzen wollte ich auch lieber gestern als heute vergessen, doch ich lebte, war gesund und konnte bald wieder in der Kampfsportschule arbeiten.

»Daraus wird nichts«, erklärte uns der Arzt ein paar Tage später bei der Nachkontrolle. »Sie dürfen keinen Kampfsport mehr machen und auch nicht mehr als Tischler arbeiten.«

Veronica schlug sich vor Entsetzen die Hand vor den Mund, und ich musste mich vor Schreck setzen. Für mich brach eine Welt zusammen. Meine Schule aufgeben, nie wieder als Tischler – einem der wenigen für Gehörlose geeigneten Berufe – arbeiten?

Der Arzt erklärte: »Beim Kampfsport kann es passieren, dass Sie sich am Kopf verletzen und deswegen zum Beispiel eine Hirnblutung bekommen. Das Medikament, das Sie nehmen, verhindert ja, dass Ihr Blut gerinnt. Deswegen dürfen Sie nicht mehr kämpfen ... Auch schwere Gewichte sind ab jetzt tabu, es könnte zu einem Muskelfaserriss kommen. Dann könnten Sie innerlich verbluten.«

Ich konnte es nicht fassen. »Moment! Was soll denn das heißen? Ich darf nicht mehr kämpfen?«

Der Arzt hatte recht – und es kam noch schlimmer. Ich durfte nämlich nicht länger Kurse in meinem eigenen Kampfsportstudio geben. Nachdem ich mich monatelang mit den Behörden herumstritt, musste ich schließlich einsehen, dass es keinen Sinn hatte. Ich gab meinen großen Traum auf, auch wenn es mir das Herz brach. Kurz darauf hielt ich es auch in Deutschland nicht mehr aus, und ich bat meine Frau darum, mit mir in die Staaten zu gehen. Dort wurden Gehörlose immerhin besser integriert.

»Aber Benjamin, hier ist doch unser Zuhause!«, versuchte sie mich umzustimmen. »Alle unsere Freunde leben hier. Das Gesundheitssystem ist viel besser als in Amerika. Und außerdem ...«

Doch egal, was sie auch vorbrachte, ich blieb hart. Ich wollte nicht mehr in Deutschland bleiben. Dem Land, in dem meine Mutter und beinahe auch ich gestorben war. Dem Land, das mir untersagte, dank der Medikamente, die ich nehmen musste, meinen beruflichen Traum zu leben – um mich zu schützen. Dem Land, in dem ich mich zunehmend wie ein Außerirdischer fühlte.

Es dauerte noch eine Weile, doch schließlich hatte ich Veronica so weit, dass wir die Kampfsportschule schlossen, unsere Wohnung untervermieteten und in ein Flugzeug in Richtung Amerika stiegen. Dort, so hoffte ich, würde eine neue Zukunft auf mich warten. Noch wusste ich nicht, was ich mit meinem Leben anstellen sollte. Ich war müde von den Strapazen der Krankheit und erschüttert von dem, was im Anschluss vorgefallen war. Als echter Workaholic fiel mir außerdem seit dem ersten Tag zu Hause die Decke auf den Kopf. In Amerika, so dachte ich, würde alles besser werden.

Nun ja. Irren ist menschlich, habe ich weiter vorn geschrieben. Und diesmal war ich derjenige, der sich irrte.

Motivation

Darf ich bitten?

Manchmal ist man einfach vom Pech verfolgt. Nicht nur, dass ich beinahe abgenippelt wäre und meine Kampfsportschule hatte schließen müssen. Auch unser Umzug in die USA verursachte nicht die von mir herbeigesehnte Kehrtwende. Denn in den ersten zwei Jahren in den Staaten klappte so ziemlich nichts, was ich anfasste. Ich fand keinen Job, denn mir fehlte eine Arbeitserlaubnis. Für die meisten Anstellungen hätte ich außerdem ein Auto gebraucht, und Vero und ich konnten uns nur eines leisten. Und so gammelte ich zu Hause herum und sah den Wollmäusen beim Entstehen zu, während sich Veronica für uns den Allerwertesten aufriss und wie eine Besessene ranklotzte.

Ich war zu einem Dasein als Hausmann verdonnert und fühlte mich furchtbar schuldig. Außerdem fehlte mir der Sport. Was machen Menschen, die keine Aufgabe haben und den ganzen Tag zu Hause herumhängen? Sie fangen an, viel zu viel zu essen. Also nahm ich kontinuierlich zu und wurde jeden Tag frustrierter und unglücklicher. Wegen der starken Medikamente war ich auch konstant müde. Immer häufiger stritt ich mich mit meiner Frau. Veronica war erschöpft von ihren beiden Jobs, ich war müde, weil ich nichts tun konnte, außer zu Hause auf sie zu warten. Es war ein fürchterlicher Teufelskreis, der sich zu allem Überfluss auch noch permanent verschlimmerte, so als ob das Leben mir andauernd den ausgestreckten Mittelfinger zeigen wollte.

Dann geschah das Wunder. In meinem E-Mail-Posteingang fand ich eines Tages eine Mail von einer deutschen Produktionsfirma, die fragte, ob ich mir vorstellen könnte, in einer Tanzsendung mitzuwirken. *Let's dance* – natürlich hatte ich von der Show schon einmal gehört. Und nun sollte ich selbst mitmachen?

»Das ist eine super Chance«, sagte Veronica, als sie am Abend nach Hause kam und ich ihr von den aufregenden Neuigkeiten berichtete.

»Ich weiß, was du jetzt sagen willst«, kam ich ihr zuvor. »Seit vier Jahren bittest du mich darum, mit dir einen Tanzkurs zu machen, und ich habe dich die ganze Zeit vertröstet.«

»Selbst schuld!« Sie lachte. Dann wurde ihr Gesicht wieder ernst. »Wie lange würdest du in Deutschland bleiben?«

»Für die Dauer der Show. Maximal vier Monate. Hängt natürlich davon ab, wie weit ich komme.«

Sie nickte langsam. »Du weißt, ich kann dich nicht begleiten. Ich habe nur wenig Urlaub, und wenn ich mit nach Deutschland kommen will, muss ich kündigen.«

Ich schüttelte den Kopf. »Und wenn ich bei der ersten Sendung rausfliege? Das können wir nicht machen.«

Sie stimmte mir zu. »Lass uns einfach von Woche zu Woche entscheiden, ja? Du weißt, ich unterstütze dich bei allem.«

Ich legte ihr die Hand auf den Arm. »Ich weiß. Vier Monate sind verdammt lang, aber ich spüre, dass die Sendung etwas verändern wird ...«

Veronica lächelte. »Und genau das brauchst du.«

Es bedeutet mir bis heute so viel, dass meine Frau mich derart unterstützte. Sie war immer zu einhundert Prozent dabei und dachte nie an sich selbst. Sie wusste, dass die Sendung eine tolle Chance für mich war. So oft schon hat sie für mich zurückgesteckt und Verständnis aufgebracht, mich bei allem bestärkt, was ich mir in den Kopf gesetzt habe. Ich weiß nicht, ob ein Leben ausreichen wird, um ihr das zurückzugeben.

Nachdem ich Veronicas Einverständnis erhalten hatte, schrieb ich der Produktionsfirma, dass ich dabei sei, und setzte mich mit dem nächsten Problem auseinander: Ich konnte nicht tanzen. Also gar nicht. Ich hatte als Jugendlicher nie eine Tanzschule besucht, konnte langsamen nicht von Wiener Walzer unterscheiden und hielt Lambada für einen exotischen Cocktail. Als Junge hatte ich mit meinem Cousin aus Italien mal zusammen für meine Oma in Paderborn getanzt – zur Musik von Michael Jackson. Da mein Cousin kein Deutsch gesprochen hatte und ich kein Italienisch beherrsche, war es unsere einzige Möglichkeit gewesen, miteinander zu kommunizieren. Wir waren elf und schüttelten unsere Gliedmaßen im Rhythmus der Liedzeile »I'm bad«. Unsere Darbietung brachte uns sogar einen Auftritt im örtlichen Einkaufszentrum ein. Aber ob das ausreichte, um meine Tanzkünste vor einem Millionenpublikum zu präsentieren?

Ich überlegte. Was hatte ich zu verlieren? Eigentlich konnte ich doch nur gewinnen, und zwar Erfahrung. Ruhm? Ehre? Was kratzte mich das, ob ich mich zum Deppen machte, mich kannte ja fast niemand. Im schlimmsten Fall wäre ich dann eben der Kandidat, der in der ersten Folge ausschied. Na und? Besser als der Kandidat, der sein Glück gar nicht erst versucht hatte. Es war ja nicht so, dass ich mich bei *Deutschland sucht den Superstar* bewarb. Denn in dieser Sendung hätte ich es maximal in die Extrafolge mit den schlechtesten Sängern der Staffel geschafft.

Ich hatte keine Chance, aber die wollte ich nutzen. Denn wenn das Leben dir einen solchen Wink gibt, solltest du nicht so blöd sein, ihn zu ignorieren. Außerdem wollte ich ein Vorbild sein und den Leuten da draußen zeigen: Du kannst alles schaffen – du musst es nur wollen. Wer an sich glaubt, hat schon gewonnen.

Anstatt mir Sorgen zu machen, begann ich also, mir das Tanztraining und die Auftritte in schillernden Farben auszumalen, beinahe so, als wäre ich schon mittendrin. Ich stellte mir vor, wie ich in einem engen schwarzen Kostüm einen leidenschaftlichen Tango darbot, rauschte im Geiste im Wiener Walzer über das Parkett und ließ die Hüften zu flotter Sambamusik kreisen. Mentales Training wird mittlerweile nicht nur von Profisportlern angewandt, sondern hat auch in das alltägliche Leben Einzug gehalten. Das Gehirn kann zwischen Imagination und Realität einfach nicht unterscheiden. Die Prozesse in den kleinen grauen Zellen sind quasi identisch, egal ob ich mir eine Situation nur vorstelle oder sie in echt erlebe. Und das kann man für sich nutzen.

Mentales Training

Unter Mentalem Training oder Mentaltraining versteht man Training für den Geist. Es besteht aus Übungen zur Entspannung und Steigerung der Konzentrations- und Leistungsfähigkeit. Ziel ist, das Denken in positive Bahnen zu lenken und die eigenen Potenziale voll auszuschöpfen. Denn du kannst besser umsetzen, was du vorher bereits in Gedanken visualisiert und trainiert hast.

Seinen Ursprung hat das Mentaltraining in der Sportpsychologie. Sportler wurden dazu aufgefordert, neben dem körperlichen Training auch den Geist zu trainieren. Das konnte einerseits eine Vorbereitung für bestimmte Bewegungsabläufe sein, aber auch der mentalen Stärkung dienen, um zum Beispiel mit einem Rückstand klarzukommen oder mit der Favoritenrolle umzugehen (Prognosetraining).

Das erste Mal, dass Mentaltraining historisch dokumentiert wurde, war im Jahr 1954. Damals galt es als unmöglich, eine Meile unter vier Minuten zu laufen. Egal wer es auch versuchte, alle scheiterten daran. Es etablierte sich die Meinung, dass die natürliche Grenze des Menschen erreicht sei – schneller könne man einfach nicht laufen, da war sich die Fachwelt einig. Einem gewissen Roger Bannister war das jedoch egal. Er stellte sich immer wieder vor, wie er die Strecke in unter vier Minuten hinter sich brachte. Mithilfe seiner mentalen Vorstellungskraft programmierte er sich und seinen Körper darauf, die Meile in einer Zeit zu laufen, die bis dato niemand geschafft hatte. Am 6. Mai 1954 gelang ihm in Oxford dann das Unglaubliche. Er rannte neue Weltrekordzeit. 3:59,4 Minuten.

Und jetzt kommt der eigentliche Clou. Nur wenige Wochen später lief ein Konkurrent Bannisters dieselbe Strecke in einer

noch schnelleren Zeit. Das muss man sich mal vorstellen: Jahre-
lang war niemand in der Lage gewesen, die vier Minuten zu
unterbieten. Und nun gelang es gleich zweimal? Waren die
Läufer besser geworden? Nein! Aber sie hatten ihre Denkblo-
ckaden aufgelöst. Es war Bannister möglich gewesen, die
Meile in weniger als vier Minuten zu laufen – also war es
auch möglich für alle anderen Läufer.

Das Beispiel der Läufer wird mittlerweile als Roger-Bannister-Ef-
fekt bezeichnet und gilt nicht nur für den Sport. Mittlerweile
wird Mentaltraining in nahezu allen Bereichen des Lebens angewandt, vom Berufscoaching bis zur Ernährungsberatung. Es
gibt eine Menge hilfreicher Bücher und Video-Tutorials im Internet dazu, die du ganz leicht googeln kannst.

Eine einfache und effektive Mentalübung habe ich aber natürlich auch für dich aufgeschrieben:

1. Setz dir selbst ein Ziel. Dabei ist es egal, ob du weniger
    Fleisch essen, auf Süßspeisen verzichten oder fünf Kilo-
    meter laufen möchtest.

2. Immer wenn du in Versuchung gerätst, dein Ziel aufzuge-
    ben oder es aus den Augen zu verlieren, stell dir vor, wie
    du dich fühlst, wenn du dein Ziel erreicht hast. Was für ein
    gutes Gefühl es sein wird, kein Fleisch mehr zu essen, wie
    du den Pudding mit einem Lächeln im Supermarktregal ste-
    hen lässt oder wie ausgeglichen du von einem Fünf-Kilo-
    meter-Lauf zurückkommst. Versetze dich richtig in dein zu-
    künftiges Ich hinein und bade in deinem Erfolg.

3. Wiederhole diese mentale Übung, wann immer es not-
    wendig ist. Allein durch die Kraft deiner Gedanken stellst
    du deinen Körper darauf ein, dein Ziel zu erreichen.

Nach ein paar Tagen hatte ich mich regelrecht in Rage »gedacht«. Ich war gierig darauf, so bald wie möglich meine Tanzpartnerin kennenzulernen, mit dem Training loszulegen und den Zuschauern mein Können zu zeigen. Obwohl ich de facto keine Ahnung vom Tanzen hatte, freute ich mich auf die verschiedenen Tanzstile, die ich würde lernen müssen, und vor allem darauf, das Publikum mit den Darbietungen so gut wie möglich zu unterhalten.

Außerdem war ich dankbar, den Zuschauern zeigen zu können, dass man kein intaktes Gehör haben musste, um Musik und Tanz zu erleben. Meine Mutter hatte mich früher immer mit ihrem Wunsch genervt, ich solle Ballett lernen – aber ganz im Ernst, ich sah mich nie als den nächsten Billy Elliot. Ob ich Taktgefühl hatte, wusste ich auch nicht. Aber ich war mir absolut sicher, dass ich in der Lage war, das Unmögliche möglich zu machen und als Gehörloser Tanzen zu lernen. Ich glaubte an mich und labte mich jeden Tag an den Bildern, die ich vor meinem inneren Auge aufsteigen ließ.

Die Vorfreude hielt etwa so lange an, bis ich das nächste Mal in Boxershorts vor dem Spiegel stand und mich nachdenklich betrachtete. Der mopsige Typ in der Reflexion kam mir entfernt bekannt vor. Das war dann wohl ich – beziehungsweise die dreißig Pfund schwerere Version meiner selbst. Ich drehte mich ins Profil und streckte den Bauch nach vorn. Nein, mit so einer Plauze würde ich garantiert niemals mehr als drei Punkte von Joachim Llambi bekommen – höchstens aus Mitleid. Diese verdammten Medikamente und diese Scheiß-Lungenembolie! Ich durfte nicht trainieren? Damit war jetzt Schluss. Ich musste wieder in Form kommen, ansonsten wäre meine Zeit bei *Let's dance* schneller vorbei, als ich Cha-Cha-Cha sagen konnte.

Knapp drei Monate blieben mir noch, bevor es in Köln mit den Dreharbeiten losging. Genug Zeit, um dem inneren Schweinehund in den Hintern zu treten und endlich wieder in Form zu kommen. Die Vorstellung, wie albern meine Wampe in einem enganliegenden, glitzernden Einteiler mit tiefem Brustausschnitt aussehen würde, half dabei ganz ungemein.

Ich ging fünfmal die Woche schwimmen und begann mit täglichem Cardio-Training. Dann kamen leichtes Gewichttraining, Basketball und Laufen dazu. Da ich lange keinen Sport gemacht hatte, wusste ich, dass es das Beste für mich war, mich langsam wieder ans Training zu gewöhnen und nicht mit einem 15-km-Lauf zum Aufwärmen zu starten. Außerdem stellte ich meine Ernährung um. Veronica hat Ernährungswissenschaft und Sportmanagement studiert und konnte mich gut dabei unterstützen. Und meine Laune stieg mit jedem Kilo, das ich verlor, wie ein Heißluftballon, der die Sandsäcke abwirft und dem Himmel entgegenschwebt. Außerdem hatte ich beschlossen, die Medikamente abzusetzen – gegen ärztlichen Rat und auch wenn ich wusste, welches Risiko ich damit einging. Doch sie machten mich müde, träge und unglücklich. Und ich wollte endlich wieder aktiv sein, am Leben teilnehmen und selbst entscheiden, was gut für mich war. Tief in meinem Inneren bin ich fest davon überzeugt, dass ich lieber ein aufregendes und spannendes als ein sicheres und langweiliges Leben führen möchte. Also setzte ich die Tabletten ab und wurde Tag für Tag stärker und fitter.

Als ich zweieinhalb Monate später in den Flieger nach Deutschland stieg, fühlte ich mich großartig. Ich hatte zwölf Kilo abgespeckt und war wieder in der Lage, in den vierten Stock zu laufen, ohne mich wie eine altersschwache Nähmaschine anzuhören. Ich wurde sehr herzlich vom Produktionsteam in Köln in Empfang genommen und den anderen Teilnehmern vorgestellt. Und da waren ein paar richtige Stars dabei. Barbara Becker, Oliver Pocher oder Nazan Eckes waren mir natürlich bekannt. Ich war, das gebe ich gern zu, etwas eingeschüchtert am Anfang. Denn ganz offensichtlich kannte mich keiner der anderen.

Zum Glück hatten die richtigen Promis aber keinerlei Standesdünkel. Im Gegenteil, die Stimmung untereinander war wirklich toll. Es fühlte sich gar nicht so an, als säße ich mit potenziellen Konkurrenten zusammen, sondern eher inmitten eines bunten Haufens Irrer, die selbst nicht so richtig wussten, was sie dabei geritten hatte, bei dieser Sendung mitzumachen.

Fünf Tage vor der Kennenlernshow, die den Startschuss der Staffel darstellt, trafen sich alle Kandidaten und Profitänzer in Köln. Dort wurden verschiedene Kleingruppen gebildet, in denen wir dann zu je drei Pärchen für die erste Sendung und den Gruppentanz probten. Die Produktionsfirma wollte bei dieser Gelegenheit nicht nur, dass wir uns alle kennenlernten, sondern auch herausfinden, welcher Promi und welcher Profi miteinander für die kommende

Zeit tanzen würden. Denn auch wenn man es vielleicht nicht glauben mag: Die Paarungen stehen vor Beginn der Sendung wirklich nicht fest. Niemand weiß, wer mit wem zusammen tanzen wird – das erfahren alle Mitwirkenden genau wie die Zuschauer erst bei der Entscheidung in der Kennenlernshow.

Als ich nach Köln kam, hatte ich keine Favoritin – ich hatte die Sendung ja nur ein paar Mal beim Durchzappen mitverfolgt, aber niemals bewusst eingeschaltet. Deswegen sagten mir die meisten Namen nichts, und im Nachhinein finde ich das sogar gar nicht so schlecht. Denn so konnte ich absolut unvoreingenommen in die ersten Trainingseinheiten gehen und mich ganz offen auf meine verschiedenen Tanzpartnerinnen einlassen.

Ich war überrascht, wie gut ich beim Tanzen klarkam. Die Choreografie war zwar nicht ohne, aber glücklicherweise bin ich durch mein Kampftraining gewohnt, Bewegungsabläufe vom Kopf auf den Körper zu übertragen. Daher war ich ganz guter Dinge, dass ich es in der Sendung einigermaßen weit bringen könnte.

Interessanterweise war ich da wohl nicht der Einzige. Denn zwei Profitänzerinnen gaben mir zu verstehen, dass sie gern mit mir tanzen würden. Ich fühlte mich natürlich sehr geschmeichelt, war jedoch auch etwas überfordert. Denn ich ging davon aus, dass man bei der Produktionsfirma zwar Wünsche angeben durfte, aber rechnete nicht damit, dass ich bekam, was ich wollte. Das ging vielleicht bei einer Barbara Becker – aber doch nicht bei mir, Benjamin »Wer-soll-das-sein?« Piwko. Außerdem war es mir unangenehm, dass mich gleich zwei Tänzerinnen als Partner haben wollten, denn das brachte mich in eine blöde Situation. Ich wollte keiner von beiden einen Korb geben und wehtun. Denn im Grunde hatte ich schon längst entschieden, mit wem ich tanzen wollte – und das war eine ganz andere.

In den Trainings für die Kennenlernshow saßen die Kandidaten und Profitänzer in den Pausen oft zusammen. So lernten wir einander kennen und schätzen, und zwar egal ob wir miteinander tanzten oder nicht. An meine erste Begegnung mit der unglaublich süßen Evelyn Burdecki denke ich bis heute gern zurück. Mit meinem Manager Binh stand ich vor dem Trainingsraum zusammen, da kam die hübsche Blondine auf uns zu und streckte die Hand zur Begrüßung aus.

»Hi, ich bin Evelyn«, sagte sie und lächelte mich mit ihren kirschrot geschminkten Lippen breit an.

Ich ergriff ihre Hand und schüttelte sie. »Ich heiße Benjamin.«

Evelyn sagte irgendwas, aber so schnell, dass ich es trotz des roten Kussmunds nicht verstand.

Mein Manager schaltete sich ein. »Benjamin ist gehörlos«, erklärte er Evelyn.

Sie riss die Augen auf, und ihr Lächeln wurde noch breiter. »Oh, cool!«

Äh ... Ich hatte schon so einige Reaktionen auf mein Handicap mitbekommen, aber diese war nun doch ungewöhnlich.

»Er ist gehörlos«, wiederholte Binh, und nur um sicherzugehen, fügte er hinzu: »Er kann dich nicht hören.«

Evelyns Augen wurden größer und ihr Lächeln noch breiter. »Oh, cool!«

Naja, geht so, wollte ich am liebsten darauf antworten, da Evelyn aber immer noch meine Hand festhielt und mich so freudestrahlend ansah, verkniff ich mir den Kommentar.

»Er kann von deinen Lippen ablesen«, übernahm mein Manager weiter die Kommunikation.

»Oh, cool!«, sagte Evelyn zum dritten Mal, diesmal mit deutlicher Bewunderung im Gesichtsausdruck, und sah mich an wie ein Wesen aus einer fantastischen Welt.

Ich gebe zu, so eine Situation kann auch ziemlich merkwürdig werden. In Evelyns Fall merkte ich jedoch sofort, dass sie einfach noch nie in ihrem Leben einem Gehörlosen begegnet war und es *wirklich* cool fand, dass ich von den Lippen ablesen kann. Außerdem ist Evelyn eine so herzensgute, freundliche Person ohne jegliche Berührungsängste, dass wir nach den ersten Sekunden sofort zu quatschen anfingen und im Verlauf der Staffel sehr oft miteinander lachten.

Auch in Lukas Rieger fand ich einen echten Freund. Wir verstanden uns von Anfang an richtig gut und hingen dauernd miteinander ab. Später, während der Shows, hatten wir sogar Umkleiden nebeneinander, was dazu führte, dass Lukas oft bei mir in der Garderobe chillte – genau wie mein Manager Binh, der Dolmetscher für deutsche Laut- und deutsche Gebärdensprache und meine Tanzpartnerin sowie jeder, der gerade vorbeikam. Der Raum war wirklich winzig, aber irgendwie quetschten wir uns alle zusammen hinein. Manchmal stellte ich mir vor, wie es aussehen musste,

wenn wir nacheinander durch die Tür in den Flur purzel-
ten. Für einen Außenstehenden sicher ein großer Spaß, wie
bei den Videos aus Großbritannien, wo sich möglichst viele
Engländer in eine rote Telefonzelle hineinquetschen.

In Lukas fand ich den kleinen Bruder, den ich niemals
hatte. Die Chemie zwischen uns passte von der ersten Sekunde, wir blödelten herum, erzählten uns Geschichten,
führten aber auch ernste Gespräche voller Vertrauen und
gegenseitiger Wertschätzung. Was ich besonders toll fand:
Meinetwegen fing Lukas sogar an, Gebärdensprache zu lernen. Ich weiß noch genau, wie er vor der ersten Show auf
mich zukam und mich mit den Gebärden »Hallo« und »Wie
geht's dir?« begrüßte. Ich war baff! Und auch in den kommenden Wochen überraschte mich mein »kleiner Bruder«
jedes Mal, wenn wir uns sahen, mit ein paar neuen Gebär-
denvokabeln. Ich fand das ungeheuer groß von ihm, denn
es zeigte mir, dass er sich *wirklich* für mich und meine Welt
interessierte und bereit war, aus der eigenen Komfortzone
herauszutreten, um mir wahrhaftig zu begegnen.

Und noch eine weitere Person beeindruckte mich vom ersten Augenblick an. Ich weiß nicht, ob es daran liegt, dass sie
Deutsch ebenfalls nicht als Muttersprache gelernt hat, oder
ob sie einfach enorm empathisch ist. Aber von Anfang an
verstand ich mich wahnsinnig gut mit Isabel Edvardsson.
Ich gebe zu, *Let's dance* war keine Sendung, die ich seit der
ersten Staffel verfolgt hatte, und von der Schwedin hatte
ich vorher noch nie gehört. Im Internet erfuhr ich aber,
dass sie die Show schon zweimal gewonnen hatte, 2006 mit

Wayne Carpendale, 2014 mit Alexander Klaws. Sie ist mehrfache Deutsche Meisterin, Europameisterin in Standard Kür und hat bei vielen Europa- und Weltmeisterschaften mitgetanzt. Mit ihr würde ich weit kommen, das wusste ich von der ersten Sekunde an!

Blöderweise ließ sich die Produktionsfirma nicht darauf ein, mir zu versprechen, dass ich mit ihr tanzen durfte. »Gleiches Recht für alle, Benjamin«, sagte man mir immer wieder, wenn ich versuchte, einen der Entscheidungsträger zu bezirzen. Und selbst mein Argument, dass es als Gehörloser enorm wichtig war, eine gute Chemie mit seiner Tanzpartnerin zu haben, stieß auf taube Ohren.

»Finde dich damit ab, Benjamin«, sagte mir mein Manager. »Das sind alles Profis. Du wirst mit jeder tanzen können.«

Am Tag der Kennenlernshow saß ich erneut mit meinem Manager zusammen. »Ich will mit Isabel tanzen!«, sagte ich wie ein trotziges Kind.

»Ich weiß, Benjamin«, erwiderte er geduldig. »Und trotzdem, wenn du heute Abend in der Livesendung gefragt wirst, mit wem du gern tanzen möchtest, tu dir selbst einen Gefallen und sag, dass du dich über jede Profitänzerin freuen würdest.«

»Wieso sollte ich das tun?«

Binh seufzte. »Sieh mal. Wenn du sagst, du möchtest mit Isabel tanzen, aber es wird ein anderer Name verkündet, ist das doch blöd für alle. Für Isabel, für dich und vor allem für die Partnerin, die die Produktionsfirma für dich ausgesucht hat. Die fühlt sich dann doch wie die zweite Wahl!«

Ich war sauer. Wieso konnte ich nicht einfach sagen, was ich wollte? Ich hielt nicht viel von falscher Höflichkeit, besonders nicht, wenn sie von mir erwartet wurde.

Den ganzen Abend grübelte ich, was ich sagen sollte, wenn man mich fragte. Es schauten ja auch ein paar Millionen Menschen zu – da wollte ich mich nicht gleich in der ersten Sendung ins Fettnäpfchen setzen. Gleichzeitig bin ich der Meinung, dass ehrlich am längsten währt. Außerdem bin ich als Gehörloser doch quasi ein Profi darin, ohne Umwege zu kommunizieren, schonungslos und ehrlich. In der Gebärdensprache gibt es kein »hätte«, »könnte«, »müsste«, kein »eigentlich« und kein »relativ«. Wir sagen, was wir denken, frei heraus und ohne Rücksicht auf Verluste.

Der Abend schritt voran. Wir zeigten unsere ersten Tänze und wurden von der Jury bewertet, und ich fühlte mich richtig gut. Noch nicht wie ein Fisch im Wasser, aber ich war mir sicher, dass *Let's dance* das Richtige für mich war.

Dann kam die Entscheidung. Es standen nur noch eine Handvoll Tänzerinnen auf der Showtreppe, darunter zum Glück auch Isabel, mit der ich ja unbedingt tanzen wollte. Victoria Swarovski und Daniel Hartwig, die Moderatoren der Sendung, baten mich zu ihnen, und dann stellte mir Vicky die Frage, vor der mein Manager mich gewarnt hatte: »Benjamin, mit wem möchtest du denn am liebsten tanzen?«

Ich hatte zwar verstanden, was sie mich gefragt hatte, dennoch wollte ich sichergehen, dass ich mich nicht »verlesen« hatte und warf einen Blick zum Dolmetscher für deutsche Laut- und deutsche Gebärdensprache, der neben den Profitänzerinnen stand und für mich übersetzte.

»Sie fragen, mit wem du gern tanzen willst«, gebärdete er mir.

Ich fragte ihn: »Soll ich einen Namen sagen?«

Er nickte.

Na gut, dachte ich mir. Wenn ich einen Namen sagen soll, dann sag ich jetzt einen. Und ehe ich es mir anders überlegen konnte, sagte ich: »Ich möchte mit Isabel tanzen.«

Natürlich konnte ich es nicht hören. Aber später sagte mir mein Manager, dass in diesem Moment ein Raunen durchs Publikum ging und auch hinter den Kulissen alle Beteiligten die Luft anhielten. Das hatte noch nie jemand getan, in dieser Situation einen Namen zu nennen. Üblich war zu sagen, dass man sich mit jeder vorstellen könne zu tanzen. Politische Korrektheit, damit man niemandem auf die Füße trat. Zumindest nicht, bevor es mit dem richtigen Tanzen losging.

Mir entging nicht, dass ich offensichtlich für Erschütterung gesorgt hatte, denn Vicky neben mir erstarrte. Außerdem sah ich, wie sich Isabel die Hände vor den Mund schlug und die Augen aufriss. »Mit mir?«, fragte sie ungläubig. Auch den anderen Tänzerinnen klappten die Kinnladen runter.

Ich dachte nur: *Ups*. Vielleicht sollte ich von Zeit zu Zeit doch ernst nehmen, was mein Manager mir sagte.

Aber ich hatte Glück. Denn Daniel Hartwig überspielte die merkwürdige Situation gekonnt und rief: »Dann hast du Glück, Benjamin, denn du tanzt tatsächlich mit Isabel!«

Ich kann dir gar nicht sagen, wie groß der Stein war, der in dieser Sekunde von meinem Herzen kullerte. Und ehe ich es mich versah, lagen Isabel und ich uns in den Armen, ich hob sie hoch und wirbelte sie herum vor Freude. Hurra! Meine Gebete waren erhört worden, mein Wunsch war in Erfüllung gegangen. Ich durfte mit Isabel tanzen!

Farbe bekennen

Es gilt allgemein als höflich, niemanden vor den Kopf zu stoßen – das ist übrigens sowohl in der Laut- wie auch in der Gebärdensprache so. Allerdings haben wir uns, besonders in der gesprochenen Sprache, angewöhnt, die meisten unserer Aussagen so aufzuweichen, dass wir uns de facto gar nicht mehr richtig festlegen.

Ein Beispiel? »Ich würde gern einen Espresso nehmen.« Ja, was jetzt? Bestellst du einen oder nicht? Die Höflichkeitsform wird im Deutschen über den Konjunktiv ausgedrückt, klingt aber oft aufgesetzt. Wie wäre es mit: »Ich nehme einen Espresso.« Oder: »Ich möchte bestellen« anstelle von »Ich würde gern bestellen.«

Aber es geht noch weiter. Was denkst du, wenn du hörst: »Eigentlich mache ich sowas ja nicht, aber für Sie mache ich eine Ausnahme«? Ganz im Ernst, was bedeutet der Satz? Er legt den Fokus auf das, was nicht geht, und nicht auf das, was man ermöglichen kann. Besser ist: »Es wird eine Herausforderung, und für Sie mache ich das möglich.« Wie wertschätzend das klingt! In dem Satz ist keine Belehrung, keine Negativität, und dennoch wird klar, dass es keine Selbstverständlichkeit ist.

Wer zielorientiert und positiv kommuniziert, fühlt sich auch so, denn alles, was wir sagen, hören nicht nur die anderen, sondern auch unsere eigenen Ohren. Je häufiger wir unsere Aussagen vage formulieren oder auf vorhandene Probleme ausrichten, desto wahrscheinlicher ist es, dass auch unsere Geisteshaltung so wird: unklar und pessimistisch. In der folgenden Übung möchte ich dich bitten, die negativen und problemorientierten Sätze in positive, zielorientierte Sätze umzuwandeln.

Ursprungssatz	Erklärung	neuer Satz
Ich muss heute noch joggen gehen.	»müssen« setzt im Gehirn einen negativen Impuls, denn damit sind wir zu etwas verpflichtet. Besser ist, die Aussage auf die Absicht auszurichten als auf den Zwang, also die Verben wollen oder mögen zu verwenden.	
Ich könnte dich am Montag anrufen.	Der Konjunktiv, also die Möglichkeitsform, drückt eine Möglichkeit aus, bleibt aber unklar. Am besten ersetzt man ihn durch den Indikativ, die Form der Wirklichkeit. könnten -> können würden -> werden müssten -> müssen/ sollen, noch besser: dürfen/werden	

Ich weiß nicht, ob ich das schaffe.	Die Aussage drückt aus, dass der Sprecher sich über seine eigenen Fähigkeiten nicht im Klaren ist. Klüger ist, den Satz so zu formulieren, dass die Zielsetzung klar ist, aber der Weg dorthin noch offen – statt *ob* verwenden wir also *wie*.
Ich suche gerade eine neue Arbeit.	In dieser Aussage liegt der Fokus auf dem Suchen, nicht auf dem Finden. Wie klingt der Satz, wenn man das Verb durch das ersetzt, was man erreichen will – einen Job zu *finden*?
Ich werde es versuchen.	Wer immer nur »versucht«, wird es vermutlich niemals schaffen. Dabei kann die Aussage auch zielorientierter formuliert werden. Lass einfach die Absicht weg, die durch das »versuchen« ausgedrückt wird, und bestimme, was du tust.

Das ist unmöglich!	Mit »unmöglich« macht man klar, dass es nicht zu schaffen ist, und diese Haltung geht in den Geist über. Wie klingt der Satz, wenn du ein anderes Wort anstelle von »unmöglich« verwendest, das zumindest die Möglichkeit offenlässt, dass es klappt?

Satz 1: Ich mag/will heute noch joggen gehen./Ich gehe heute noch joggen.

Satz 2: Ich kann dich am Montag anrufen./Ich rufe dich am Montag an.

Satz 3: Ich weiß noch nicht, wie ich das schaffe.

Satz 4: Ich bin gerade dabei, eine neue Arbeit zu finden.

Satz 5: Ich mache das jetzt.

Satz 6: Das ist herausfordernd.

Erfolg

Das Leben will getanzt werden

Ich war im Himmel! Mit Isabel hatte ich meine Wunschtanzpartnerin bekommen, und jetzt konnte es richtig losgehen. Ich war hochmotiviert und freute mich wie ein Schnitzel, dass wir schon am darauffolgenden Sonntag mit den Proben begannen.

Nun ja. Man soll den Tag nicht vor dem Abend loben ... das spürte ich bald schon am eigenen Leib. Denn spätestens, als wir mit dem Training loslegten, bekam ich doch ein paar Zweifel, ob ich meinen Ansprüchen gerecht werden konnte. Im Vergleich zur Choreografie für die Kennenlernshow waren die ersten Probentage nämlich eine echte Herausforderung für mich. Obwohl Isabel und ich wahnsinnig viel Spaß hatten und auch wenn meine Fitness wieder ganz gut war, meine Konzentration war für die Katz, und meine Beine fühlten sich in den ersten Tagen so schwer an, als hingen eben jene Sandsäcke an ihnen, die ich doch gerade losgeworden war. Ich kam mir vor wie ein alter Tanzbär, den man aus dem Vorruhestand zurückgeholt und in die Manege geschleift hatte, und nicht nur einmal dachte ich in diesen ersten Tagen: *Benjamin, was tust du dir da eigentlich an?!*

Darüber hinaus hatte die Presse schnell davon Wind bekommen, dass ein Gehörloser bei der Sendung mitmachte, und natürlich war ich so blöd, mir einige Kommentare unter den Artikeln in den Online-Medien auch anzusehen. Darin fanden sich Aussagen wie »Ein Gehörloser bei *Let's dance*? Was kommt als Nächstes, ein Rollstuhlfahrer bei der alpinen Abfahrt?!« oder »Wer keine Musik hört, kann auch nicht tanzen. Was soll das, RTL?«. Die Kommentare machten mich richtig wütend. Und noch zorniger wurde ich, als meine lahmen Beine dann nicht so wollten wie mein Kopf.

Seitdem ich denken kann, bin ich ein Workaholic. Ich arbeite immer bis an die Belastungsgrenze und gehe auch darüber hinaus. Natürlich gab es in meinem Leben schon unzählige Situationen, in denen ich meinte, aufgeben zu wollen. Man denke nur an die sechsstündige Schwarzgurtprüfung zum Real intelligent Warrior. Das ist alles andere als ein Sonntagsspaziergang, da muss man mental schon in der Lage sein, sich voll auf die Sache zu konzentrieren und den Fokus nicht zu verlieren. Doch ich kam unheimlich schwer ins Training.

Mit Isabel verstand ich mich zwar super, aber ich wollte sie nicht enttäuschen, und das brachte mich in manchen Nächten um den Schlaf. Als Sportler und Profi will man in seinem Bereich so gut sein, wie irgend möglich. Ich selbst war hart zu mir wie seit Jahren nicht und trieb mich Tag für Tag, Stunde für Stunde voran, selbst wenn mir die Fußballen brannten und ich meine Arme vor Schmerzen schon nicht mehr spürte.

Zum Glück war unser erster Tanz ein langsamer Walzer. Ein melodischer, gleichmäßiger Tanz wie dieser eignet sich sehr für Anfänger, und mir liegen die gefühlvollen Tänze besser, wie ich im Lauf der Sendung herausfand. Denn so hatte Isabel die Möglichkeit, mir durch winzige Gesten, die Körperhaltung und ihre Atmung Signale zu geben, wenn wir beispielsweise in eine neue Figur starteten. Ich konnte ja keinem Takt und keiner Melodie folgen, deswegen war ich von Isabels Mikrohinweisen absolut abhängig. Kein Wunder, dass meine Lieblingstänze am Ende der Paso doble, die Rumba und der langsame Walzer waren. Ich hatte Ruhe, musste nicht die ganze Zeit höllisch aufpassen, mir selbst (oder noch schlimmer: Isabel) auf die Füße zu treten, und konnte meinen Emotionen freien Lauf lassen.

Aber bis dahin war es ein weiter Weg, denn Isabel und ich mussten uns erst einmal darüber verständigen, wie ich die Tänze lernen konnte. Im Gegensatz zu allen anderen Paaren konnten wir nicht einfach über Mund und Ohren kommunizieren. Ich brauchte ein paar Tage, um Isabels individuelle Lippenbewegung kennenzulernen, sie musste sich an meine Art zu sprechen gewöhnen. Und nebenbei durften wir auch noch einen Tanz einstudieren – na klar! Es war wirklich nicht leicht, denn ich lernte zwar tanzen, aber Isabel musste ganz anders vorgehen als sonst. Ich musste die Choreografie lernen, indem ich sie Isabel nachtanzte, bis mir die Schritte in Fleisch und Blut übergegangen waren. Dabei war es aber unmöglich, von Isabels Lippen abzulesen oder die Kopfhaltung zu korrigieren. Mein Blick folgte meist nur den Schritten, gleichzeitig Lippen zu lesen, geht natürlich nicht. Also dauerte selbst das Erlernen simplerer Choreografien bei uns manchmal länger.

Isabel war aber zum Glück nicht nur wahnsinnig aufmerksam und empathisch, sondern ließ auch nicht locker. Sie verstand sofort, dass ich manche Dinge einfach nicht mitbekommen *konnte*, und passte ihren Unterrichtsstil in Windeseile auf meine Bedürfnisse an. Außerdem ging sie sehr schnell dazu über, in der Kommunikation mit mir so klar und deutlich wie möglich zu sein. Als Sportlerin ist sie direkte Anweisungen gewohnt, aber in der Gebärdensprache »klingt« manches doch etwas ruppig, weil wir Füllworte sparen. Ich kann mir nicht vorstellen, wie hart es für die arme Isabel war, sich auf meine Art des Sprechens einzulassen – direkt, schonungslos ehrlich und ausschließlich auf der Sachebene. Bestimmt musste sie öfter nicht nur einmal genau hinschauen, woher ein Problem im Tanz kam, da unsere Kommunikation nicht auf derselben Sprache basierte.

Das Vier-Ohren-Modell

Der Kommunikationspsychologe Friedemann Schulz von Thun entwickelte einst das ebenso brillante wie einprägsame Kommunikationsmodell der Vier Ohren. Es geht davon aus, dass jede Frage oder Aussage auf vier verschiedenen Ebenen verstanden werden kann: der Ebene der Selbstoffenbarung, der Sache, des Appells und der Beziehung. Anders ausgedrückt: Eine Nachricht beinhaltet vier verschiedene Botschaften, die jede Menge über den Sender und fast genauso viel über den

Empfänger aussagen. Insbesondere wenn Menschen sich missverstehen, kann es helfen, das Modell heranzuziehen und die ursprüngliche Aussage oder Frage auf ihre verschiedenen Botschaften hin zu untersuchen.

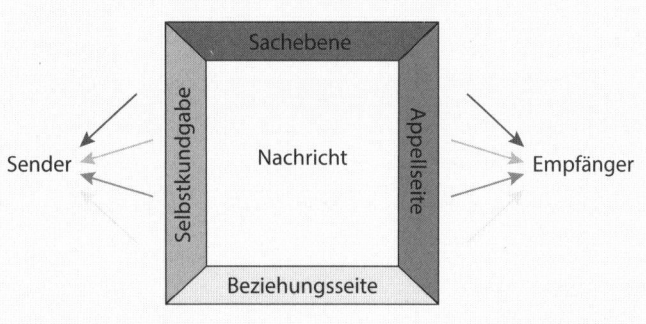

Ein Beispiel: Ein Mann und eine Frau fahren im Wagen. Sie sitzt hinter dem Steuer und wartet gerade an einer roten Ampel. Diese schaltet auf grün um, und der Mann sagt: »Es ist grün.« Seine Aussage beinhaltet vier verschiedene Ebenen.

Selbstoffen-barung	*Was ich von mir preisgebe …*	Ich habe es eilig.
Sachebene	*Worüber ich informiere …*	Die Ampel hat umgeschaltet.
Appell	*Wozu ich dich veranlassen möchte …*	Fahr los!
Beziehung	*Was ich von dir halte oder wie wir zueinander stehen …*	Es wäre besser gewesen, wenn ich selbst gefahren wäre.

Auch die Frau hat vier verschiedene Möglichkeiten, wie sie die Aussage des Mannes verstehen kann:

Selbstoffen-barung	Was ich von mir preisgebe …	Ich habe es satt, dass du so langsam fährst.
Sachebene	Worüber ich informiere …	Die Ampel hat umgeschaltet.
Appell	Wozu ich dich veranlassen möchte …	Fahr endlich los!
Beziehung	Was ich von dir halte oder wie wir zueinander stehen …	Beim nächsten Mal fahre wieder ich.

Wie wir eine Aussage verstehen, ist von Sender zu Empfänger unterschiedlich. Manche Menschen verstehen so gut wie alles mit dem Beziehungs- oder Appellohr. Andere indes kommunizieren sehr oft auf der Sachebene oder der Ebene der Selbstoffenbarung. Und so kommt es, dass eine einfache Frage wie »Hast du einen Schirm dabei?« zu Beziehungskrisen biblischen Ausmaßes führen kann. Denn während die fragende Person wirklich nur wissen möchte, ob der andere einen Schirm dabei hat (Sachebene), hört derjenige, der gefragt wurde, bereits einen Vorwurf à la »Nie denkt er an mich und kümmert sich um das, was wir brauchen« (Beziehungsebene).

In vielen Ländern gilt es als höflich, nicht direkt auf den Punkt zu kommen, sondern dem Gesprächspartner Möglichkeiten offenzuhalten, auf das Gesagte zu reagieren – also nicht nur auf der Sachebene zu kommunizieren, sondern auch die drei anderen Ebenen einzubeziehen. Dies ist ein Grund, warum Deutsche oft als etwas ungehobelt gelten. Wir kommen direkt auf den Punkt und sagen, was wir denken. Selbst unseren Nachbarn aus Frankreich oder Italien treten wir damit zuweilen auf den Schlips. Und so musste sich auch Isabel daran gewöhnen, dass ich als Deutscher und Gehörloser quasi doppelt schnörkellose Aussagen traf. Wenn ich zum Beispiel nach acht Stunden Training sagte: »Es reicht für heute«, wollte ich ihr damit nichts anderes zu verstehen geben als: »Ich habe genug.« Auf der Appell- oder Beziehungsebene könnte man meine Aussage natürlich auch anders verstehen: *Lass mich in Ruhe!* oder *Du überforderst mich.*

Glücklicherweise hat Isabel ein dickes Fell und viel Verständnis. Deswegen nahm sie mir nicht krumm, wenn mir manchmal und besonders in der ersten Woche der Geduldsfaden riss und ich wutentbrannt aus dem Studio stürmte, um an der frischen Luft tief durchzuatmen. Ich kam mir zuweilen wirklich vor wie ein Trampeltier – allerdings mit sechzehn Füßen. Jeden Schritt mussten wir x-mal wiederholen, weil ich die akustischen Anweisungen nicht hören konnte und die Augen brauchte, um die Abfolge zu verstehen. Das war natürlich ein ganz klarer Vorteil der anderen Teilnehmer: Sie kamen viel schneller voran und mussten sich nicht erst auf eine Ebene der Kommunikation einigen.

In den ersten Tagen war ich nach dem Training oft platt. Mein Körper war einfach noch nicht so weit, die volle Leistung bringen zu können. Deswegen war ich mir auch wirklich nicht sicher, ob wir bei der ersten Sendung nicht mit Schmackes ausscheiden würden.

Erstaunlicherweise bekamen wir für unseren langsamen Walzer jedoch 23 Punkte von der Jury und ergatterten außerdem vom Publikum das Direktticket in die nächste Runde, weswegen wir vom Ausscheiden ausgeschlossen waren. Ein riesiger Erfolg für mich, der mich wahnsinnig motivierte. Selbst der Tanz, den man uns danach aufs Auge drückte, konnte mich nicht schrecken: Cha-Cha-Cha. Eigentlich eine Katastrophe, wenn man bedenkt, dass ich den Takt nicht höre.

Was die meisten Zuschauer der Sendung nicht wissen: Die Teilnehmer erfahren den Tanz für die nächste Woche noch am Abend der Show. Und nach einem Tag Pause, am Sonntag, geht es auch schon mit dem Training los. Dann lernt man Schritte, die man noch nie zuvor in seinem Leben gemacht hat, und weil es so schön ist auch gleich noch eine Choreografie, von der man nur hofft, dass sie zumindest teilweise im Hirn haften bleibt. Nach acht bis zehn Stunden Training, im späteren Verlauf der Sendung auch mehr, fällt man wie ein Toter ins Bett, um nur kurz darauf (jedenfalls fühlt es sich so an) wieder aufzuwachen und jeden einzelnen Muskel zu spüren. Aua!

Und auch an anderer Stelle spürte ich meine Muskeln: in den Augen. Genau wie Veronica, die, als sie die Gebärdensprache lernte, nach dem Unterricht manchmal Schmerzen in den Augen gehabt hatte. Die Proben waren ja ohnehin schon anstrengend, aber wenn wir dann Kameraprobe mit Kostüm im Studio hatten, wurde es richtig viel. Tausend Leute rannten herum, sprachen mich andauernd an, wollten was von mir, zwischendurch gaben wir Interviews. Am

Showtag selbst waren Isabel und ich oft auf den hinteren Startplätzen, was bedeutet, wir verfolgten die gesamte Liveshow hinter der Bühne und schauten uns die Darstellungen aller Tanzpaare an. Erst kurz vor Mitternacht, wenn mein Kopf schon müde war vom vielen Zuschauen und mir die Augen brannten, ging es dann zum Aufwärmen – und auf die Bühne, wo wir liefern mussten. Und kaum war die Show vorbei, bekamen wir unseren nächsten Tanz und fingen wieder mit den Proben an.

Klar, dass bei so einem Pensum irgendwann die Nerven blankliegen. Ich glaube, es war in der sechsten Woche, als ich tatsächlich einmal rotsah. Isabel und ich verausgabten uns beim Jive, einem sauschnellen Tanz, der mich total an meine Grenzen brachte. Während der Proben waren wir nicht allein, denn eine Filmcrew nahm das gesamte Training auf. Mir machte das grundsätzlich nichts aus, ich war ja aus der Schweizer Sprachschule gewohnt, vor einer Expertenkommission zu lernen, und jeden Freitag ließ ich mich von Llambi und Co. sowie Millionen von Zuschauern bewerten. Doch in dieser Woche war bei uns einfach der Wurm drin. Ich war extrem dünnhäutig, und die Crew saß in der Ecke und lachte. Natürlich konnte ich sie nicht hören, deswegen wusste ich auch nicht, worüber sie sich amüsierten. Und aus der Distanz konnte ich ihre Lippen nicht lesen. Aber ich spürte die Unruhe, die von ihrer Ecke ausging, und die brachte mich komplett aus der Fassung. Redeten sie über mich? Lästerten sie etwa? Einige Male guckte ich schnaubend in ihre Richtung, aber erst als Isabel einschritt, konnte ich mich beruhigen.

»Mach dich locker, Benjamin«, sagte sie. »Die sind unruhig, aber das hat nichts mit dir zu tun.« Dann ging sie rüber zur Crew und sagte freundlich: »Euer Gespräch bringt uns aus der Konzentration. Könntet ihr etwas leiser sein?«

Innerhalb weniger Augenblicke waren alle mucksmäuschenstill, und wir konnten uns wieder konzentrieren. An diesem Tag fiel mir wieder einmal auf, dass es für Gehörlose wirklich ein gigantisch großes Potenzial gibt, alles Mögliche misszuverstehen. Die Crew hatte gar nicht über mich gelacht. Sie hatten mich nicht mal zur Kenntnis genommen. Und dennoch hatte ich mich betroffen gefühlt, einfach weil ich nicht hören konnte, worüber sie sich unterhielten. Isabel hatte es da deutlich einfacher. Sie nahm einmal unterbewusst wahr, worum es bei dem Gespräch am anderen Ende des Raums ging, und konnte sich dann wieder aufs Wesentliche konzentrieren. Auch wenn ich mir vorstellen kann, dass es nicht leicht ist, Störgeräusche auszublenden, wenn man sich eigentlich auf etwas ganz anderes fokussieren will.

Im Gegensatz zum Kampfsport ist man beim Paartanz nicht allein, und das hat mir wahnsinnig gut gefallen. Ja, die Kommunikation stellte uns vor Herausforderungen. Dennoch machte es unglaublich viel Spaß, gemeinsam an etwas zu arbeiten. Beim Tanzen kann man nur bestehen, wenn man als Paar funktioniert. Es ist ein bisschen wie bei einer richtigen Beziehung – auch wenn niemals etwas zwischen Isabel und mir war, das über die sportliche und freundschaftliche Ebene hinausging. Aber die Chemie ist wichtig, und zwar nicht nur, weil man so viele Stunden am

Tag miteinander verbringt. Beim Tanzen offenbart man seine Gefühle. Dafür muss man dem Partner vertrauen. Tut man es nicht, zeigt man zwar eine eingeübte Choreografie, wird aber niemals die Herzen der Zuschauer berühren. Besonders gut ist uns das übrigens gelungen, als wir zu »Unchained Melody« einen Freestyle zu Ehren meiner verstorbenen Mutter tanzten. Spätestens da begriff ich: Tanzen ist Kommunikation ohne Sprechen, wie ein Gespräch zwischen Körper und Seele. Und uns gelang es, mithilfe unserer Körper meine Geschichte nachzuerzählen. Das war ein toller Moment, den ich hoffentlich niemals vergessen werde.

Im Laufe der Sendung wuchsen Isabel und ich als Tanzpaar immer mehr zusammen. Bald schon verstanden wir uns wirklich ganz ohne Worte. An Isabels Seite fühlte ich mich auch nie gehörlos. Sie war meine Ohren und übersetzte alle akustischen Signale beim Tanzen in visuelle oder haptische. Es war wie eine eigene Sprache, mit der wir miteinander kommunizierten, und diese Sprache bestand aus wenigen Worten, vielen Blicken und einer gewaltigen Portion gegenseitigen Vertrauens.

Leider lief nicht immer alles so, wie ich es wollte. Denn in der sechsten Show Anfang Mai bemerkte ich plötzlich einen beinahe unerträglichen Schmerz in meinem Rücken. Unglücklicherweise standen Isabel und ich gerade auf der Bühne und präsentierten unseren Jive – einen ohnehin schon sauschweren Tanz, weil die Schrittabfolge einfach unglaublich schnell ist. Auf jeden Fall spürte ich sofort, dass etwas nicht stimmte, denn mit einem Mal hatte ich das Gefühl, als ob ein Samurai sein Schwert in meine Lendenwirbel gehauen hätte. Ich zuckte richtiggehend zusammen und versuchte, mir das Lächeln nicht aus dem Gesicht fallenzulassen. In meinem Kopf gab es nur einen Gedanken: *The show must go on! Tanz weiter, Benjamin. Heulen kannst du später.*

Unter größten Qualen brachte ich die Choreografie zu Ende. Isabel merkte natürlich sofort, dass etwas nicht stimmte, und kaum war der Tanz vorbei, beugte sie sich zu mir und fragte mich: »Alles okay?«

Ich winkte ab, hielt mich an ihr fest und gab mein Bestes, um nicht auf der Bühne vor Schmerzen in die Knie zu gehen. Ich weiß nicht, wie ich die Jury-Bewertung aushielt – bis heute habe ich keine Ahnung, was sie über unsere Darbietung sagten. Mein Kopf war damit beschäftigt, meine Gesichtszüge nicht entgleiten zu lassen und weiterzulächeln.

Nach der Bewertung liefen wir über die Tanzfläche zu den Stufen, an deren oberem Ende Victoria und die anderen Tänzer auf uns warteten. Mit großer Mühe schleppte ich mich neben Isabel her, lief wie in Zeitlupe die Treppe hinauf. Die Sekunden zogen sich wie Stunden hin. Ich bekam nicht mit, wie viele Punkte wir bekamen. Ich dachte nur: *Halte durch. Halte durch. Halte ...*

Und dann ging es nicht mehr. Irgendwie schleppte ich mich noch in einen kleinen Maskenraum hinter der Bühne. Dort brach ich unter einem lauten Aufschrei zusammen. Was dann passierte, weiß ich nur aus Erzählungen. Ich muss beinahe bewusstlos gewesen sein vor Schmerzen. Ein Arzt kam, untersuchte mich und diagnostizierte eine Blockade im Iliosakralgelenk, dem Gelenk, das Kreuz- und Darmbein miteinander verbindet. Es waren höllische Qualen, vergleichbar mit einem Hexenschuss, aber potenziert mit einhundert.

Die Entscheidung bekam ich nicht mit. Isabel sagte mir später, dass wir nur 12 Punkte für den Tanz bekommen hatten, aber durch das Zuschauervoting weitergekommen waren. Doch ob das so eine gute Sache war? Ich war ja nicht mal in der Lage, mich aufzusetzen, geschweige denn zu laufen oder gar zu tanzen. Trotz Schmerzmitteln war ich nicht fähig, auch nur einen Schritt zu tun.

»Und wie kommst du jetzt ins Hotel?« Oliver Pocher stand in meiner Garderobe, eine dampfende Currywurst in der Hand.

»Im Shuttle kann er nicht fahren«, erklärte mein Manager, dem die Sorge um mich deutlich anzusehen war. »Er kann ja nicht sitzen, und in ein Auto einsteigen geht auch nicht.«

»Er muss liegend transportiert werden«, meinte Oli.

»Dann rufen wir einen Krankenwagen.« Mein Manager wirkte entschlossen.

»Ich will keinen Krankenwagen!«, stöhnte ich unter Schmerzen.

»Das ist auch nicht notwendig«, meinte Oliver. »Ich hab einen Kombi. Wenn wir die Rückbänke umlegen, können wir ihn vielleicht zum Hotel bringen, und da ruht er sich erst mal aus.«

Ich bekam die Unterhaltung nur am Rande mit, denn mich jetzt auch noch auf die Lippen der Anwesenden zu konzentrieren war schlichtweg unmöglich.

Irgendwie brachten sie mich auf die Beine und stützten mich auf dem Weg zu Olis Auto. Der legte in Windeseile die Sitzbänke hinten um und öffnete den Kofferraumdeckel. »Und ab geht die Post.«

Es brauchte vier Mann, um mich in den Kombi zu verfrachten. Währenddessen schrie ich vor Schmerzen. Halb zogen sie mich von der einen Seite, halb schoben sie mich von hinten. Irgendwann lag ich aber auf der Fläche des Innenraums und konnte wieder atmen.

»Schon was gegessen?«, fragte mich Oli vom Fahrersitz und drückte mir seine unangetastete Currywurst in die Hand.

Die kleine Episode zeigt zwei Dinge sehr deutlich. Erstens, die Teilnehmer von *Let's dance* verstehen sich wirklich nicht als Konkurrenten. Wir müssen alle durch dieselbe Achterbahn durch – Qualen, Schmerzen, Verzweiflung, aber auch die Freude, wenn es geklappt hat und unsere Darbietung ein Erfolg wurde. Zweitens zeigt die Geschichte, dass Oliver Pocher ein sehr feiner Mensch ist. Sympathisch, herzlich und hilfsbereit. Wir hatten nie Probleme miteinander, auch nicht, als er in einer Sendung einmal einen Scherz über meine Gehörlosigkeit machte. Ich hatte während der Show den Boden und damit Isabels Füße nicht gesehen, weil viel mehr Nebel als in den Proben in den Saal geblasen wurde, es stockdunkel und ich quasi orientierungslos war. Dadurch war ich einige Male aus dem Takt gekommen – ich konnte ja nicht nur den Rhythmus nicht hören, sondern auch die Schritte nicht sehen! Als Oliver, der nach mir dran war und ebenfalls eine schlechte Kritik von der Jury einfuhr, im Spaß meinte, er habe den Boden auch nicht gesehen, wurde er vom Saalpublikum ausgebuht und erntete später einen regelrechten Shitstorm in den sozialen Medien. Noch am selben Abend stand er bei mir in der Garderobe und entschuldigte sich für seinen Ausrutscher.

»Das war echt nicht so gemeint, Benjamin. Es war nur ein blöder Spruch.«

Ich erklärte ihm, dass mir das Gerede vollkommen egal sei. Ich bin außerdem der Meinung, dass man Witze über sich vertragen muss. Das gehört doch dazu, wenn man Teil einer Gruppe sein will! Darüber hinaus bin ich selbst ganz gut im Austeilen, also finde ich es nur recht und billig, wenn man auch mal einen Spaß auf meine Kosten macht. Und wenn das dann auch noch durch einen Comedian wie Oliver Pocher passiert, ist das doch eher ein Ritterschlag als ein Grund, beleidigt zu sein. Der Spruch tat mir wirklich gar nicht weh.

Im Gegensatz zu meinem Iliosakralgelenk, das mir auch in den nächsten Wochen noch einigen Kummer bereitete. Ich wurde so oft in den Rücken gespritzt, dass ich vergessen habe mitzuzählen, und hatte in der Woche nach dem Vorfall nur sehr wenig Zeit, um den Charleston zu lernen, ohnehin kein einfacher Tanz für mich. Ich bin mir sicher, es hätte einige Kandidaten gegeben, die in diesem Moment aufgegeben hätten. Aber das kam für mich nicht infrage, egal wie groß die Schmerzen waren. Ich war angetreten, um es so weit wie möglich zu bringen – da würde ich mir doch von dieser blöden Verletzung nicht die Tour vermasseln lassen!

Der Jive hatte mir dennoch alles abverlangt. Wir hatten es nur knapp in die nächste Runde geschafft und so wenig Jurypunkte wie noch nie zuvor bekommen. Und auch die Kommentare in den Medien hatten es in sich. Nicht nur einmal las ich in der darauffolgenden Woche, dass ich nun an meiner Leistungsgrenze angekommen sei. Aussagen wie diese ärgerten mich. Es ist doch nur menschlich, dass es Dinge gibt, die man gut kann, und andere Dinge, die man eben nicht so gut kann. Jive, Cha-Cha-Cha oder zackige lateinamerikanische Tänze sind für jemanden ohne Gehör nun mal eine echte Herausforderung. Und vier Tage sind auch für einen hörenden Laien verdammt wenig, um eine komplizierte Choreografie zu lernen. Dass ich die Hälfte des Tanzes unter Schmerzen hatte zeigen müssen, machte die Sache natürlich nicht besser.

»Kümmere dich nicht darum«, sagte Isabel zu mir immer wieder, die nicht nur alle Jahre wieder blöde Kommentare von Zuschauern, sondern auch das Leben in der Öffentlichkeit gewohnt ist. »Die gibt es jedes Jahr, die Meckerer.«

Es gab im Verlauf der Sendung einige Momente, in denen ich mich fragte: »Warum machst du den Quatsch eigentlich?« Besonders wenn ich eine Jury-Kritik bekam, die ich nicht nachvollziehen konnte. Für die Juroren waren es zehn Sekunden außerhalb des Taktes – für mich bedeutete das aber, dass ich über anderthalb Minuten im Takt getanzt hatte. Und das, ohne ihn zu hören. Ich versuchte immer, die Kritik zwar an-, aber nicht persönlich zu nehmen. Weder Llambi noch Motsi noch Jorge wissen, wie es ist, gehörlos zu sein. Ich kann ihnen keinen Vorwurf machen, wenn sie mich nach denselben Maßstäben bewerteten wie die anderen. Wenn ich ehrlich bin, wollte ich ja auch wie alle anderen bewertet werden und keinen »Behinderten-Bonus« bekommen.

Ich hoffe, dass die Zuschauer nicht nur angerufen haben, weil ich gehörlos bin, sondern weil ihnen gefiel und vielleicht sogar imponierte, was Isabel und ich Woche für Woche ablieferten. Ich freute mich natürlich jeden Freitag aufs Neue, wenn ich eine Runde weitergekommen war. Aber mir ging es nicht nur um den ersten Platz. Es war zwar ein Traum, die Show als erster Gehörloser zu gewinnen, doch ich hätte niemals damit gerechnet, überhaupt so weit zu kommen. Viel wichtiger war mir, die Show zu nutzen, um auf das Leben mit Gehörlosigkeit aufmerksam zu machen. Ich hoffe, durch meinen Auftritt Hemmschwellen auf beiden Seiten abgebaut zu haben. Durch die vielen Zuschriften besonders von Hörenden habe ich erfahren, dass das Publikum einen viel besseren Eindruck gewonnen hat, mit welchen alltäglichen Problemen man als Gehörloser zu kämpfen hat. Das fängt ja schon beim Klatschen an, das ich nicht hören kann. Deshalb war ich auch umso ergriffener, als das Saalpublikum nach einer der ersten Sendungen anfing, nach unserem Auftritt in Gebärdensprache Beifall zu spenden. Das waren jedes Mal sehr intensive Momente, die ich voller Dankbarkeit und Demut erlebte. Jedes Mal, wenn das Publikum so seine Begeisterung kundtat, schossen mir die Tränen in die Augen, denn mir wurde klar, dass sie sich in dieser Sekunde in meine Welt hineinversetzten und mir in meiner Sprache Achtung zollten. Das war echtes, ehrliches Interesse an mir und meiner Welt.

Isabel und ich gaben uns bei unseren Auftritten Mühe, den Zuschauer an der Stille teilnehmen zu lassen, die mich immerzu umgibt. Als wir die Rumba zeigten, tanzten wir ein paar Sekunden völlig ohne Musik. Für mich Normalzustand, aber für das Publikum ein ganz besonderer Moment. Während der Choreografie hielt sich Isabel die Ohren zu, und in diesem Augenblick setzte die Musik aus. Damit die Zuschauer nicht dachten, es hätte einen Tonausfall gegeben, ertönte anstelle der Musik ein Herzschlag – *bum-bum, bum-bum, bum-bum.* Und dann, nach einigen Sekunden, ging die Melodie weiter. Wir bekamen sehr viel Lob für unseren Einfall und beschlossen am Ende sogar, den Tanz noch einmal im Finale zu zeigen, neben dem Freestyle zu Ehren meiner Mutter. Denn diese beiden Tänze hatten uns emotional am meisten berührt, und hätten sie uns den Gewinn gebracht, wäre für mich ein Riesentraum in Erfüllung gegangen. Doch auch dass ich es als Gehörloser bis unter die besten drei geschafft hatte, war ein Erfolg, mit dem ich nicht gerechnet hatte.

Ich bekam viel Fanpost in dieser Zeit. Aber auch Schreiben von Menschen, die mir erzählten, dass sie durch meinen Auftritt in der Show Mut gefasst hätten, endlich Dinge zu tun, die sie für unmöglich gehalten hatten. Eine Frau hatte beschlossen, ihre Flugangst zu überwinden und endlich nach Südafrika zu fliegen, wo ihre Tochter lebte. Ein Mann schrieb mir, er habe gekündigt und sich selbstständig gemacht, damit erfülle er sich nun einen großen Traum. Isabel und ich seien seine Inspiration gewesen. »Man kann alles schaffen, wenn man nur will«, schrieb er uns in seinem Brief. »Man muss es nur wollen und den ersten Schritt tun.«

Am Ende von vier langen und entbehrungsreichen Monaten wurden Isabel und ich Dritte. Die Show hat mir gezeigt, dass Wunder geschehen können und das Unmögliche möglich ist. Ob ich unglücklich darüber bin, dass wir *Let's dance* nicht gewonnen haben? Nicht die Bohne. Ich habe so viel gelernt in der Zeit, das hätte ein Sieg vielleicht veredeln, nicht aber toppen können.

Ich habe gelernt, dass jeder in der Lage ist, seine Komfortzone zu verlassen und die eigenen Grenzen zu überwinden.

Ich habe gelernt, dass es immer eine Brücke gibt, über die man gehen kann.

Ich habe gelernt, dass der Glaube an mich selbst Berge versetzen kann. Nur weil ich immer an mich selbst geglaubt habe, habe ich erreicht, was mir wichtig war.

Mein Ziel ist es, weiter im Hier und Jetzt zu sein, in dieser Sekunde. Ich will nicht in der Zukunft leben und nicht auf die Rente warten. Ich will leben, egal wie lange. Intensiv, pur und ohne Bedauern. Ich will das Leben tanzen!

Nachdem ich bei *Let's Dance* mitgemacht habe, kommen mehr Menschen auf mich zu – es scheint, als ob es weniger

Hemmungen gibt, mich anzusprechen. Die Leute haben gemerkt, dass ich ganz normal bin, und das freut mich sehr. Und ich hoffe, dass sie auch auf andere Gehörlose so offen zugehen, denen sie begegnen.

Ich wünsche mir, dass die Welt ein Ort wird, an dem es egal ist, ob man hören kann oder nicht. Ein Ort, an dem alle friedlich zusammenleben, sich in die Augen blicken, wenn sie miteinander sprechen, mit oder ohne Stimme. Es gibt so viel zu entdecken, laut wie leise.

Ich hoffe sehr, dass ich euch einen Einblick in meine stille Welt geben konnte. Dass ihr aus meiner Geschichte etwas mitnehmen könnt und das Leben in vollen Zügen lebt, eure Fähigkeiten so einsetzt, dass sie euch und eurem Umfeld zugutekommen. Und dass ihr Schwächen als Chancen seht und mit Respekt und Verständnis auf Neues und Unbekanntes zugeht.

Benjamin

Ich bin Benjamin

Mein Name ist Benjamin. Ich bin 1,94 Meter groß und bald vierzig Jahre alt. Ich bin Kampfsportlehrer, Schauspieler und Tänzer. Meine Lieblingstänze sind Rumba, Paso doble, langsamer Walzer und Tango. Ich wurde in Hamburg geboren. Aufgewachsen bin ich ohne Vater als einziges Kind einer liebevollen Mutter, die bis zu ihrem viel zu frühen Tod die wichtigste Person in meinem Leben war.

Als ich noch kleiner war, verbrachten wir fast jeden Sommer im Bungalow meiner Oma in Italien. Dort habe ich oft stundenlang am Strand, der nur wenige Meter vom Haus entfernt war, Venusmuscheln gesammelt, aus denen meine Mutter dann Spaghetti vongole gekocht hat. Bis heute verbinde ich den Aprikosensaft in den kleinen Glasflaschen, die es in italienischen Supermärkten zu kaufen gibt, mit den langen, sonnigen Tagen in Bibione.

Ich liebe Supermärkte und verliere beim Einkaufen von Lebensmitteln jegliche Kontrolle – was meine Frau Veronica sehr lustig findet. Ich koche für mein Leben gern, am liebsten mit Meeresfrüchten. An Süßigkeiten kann ich nicht vorbeigehen, besonders Nussnougatcreme kann ich nicht widerstehen. Ich bin eben ein echter Genießer. Auch nächtliche Imbisse gehören für mich dazu, meine Spezialität sind Crêpes um ein Uhr früh. Ich bin ein Nachtmensch, morgens komme ich schlecht aus den Federn. Büroarbeit mache ich gern im Bett, manchmal den ganzen Tag lang.

Ich bin ein Perfektionist und versuche immer, das Beste aus mir herauszuholen – zumindest im Job. Privat lasse ich es mittlerweile etwas entspannter angehen. In der Gesellschaft anderer verspüre ich den Wunsch, dass es allen gutgeht. Manchmal vergesse ich dabei meine eigenen Bedürfnisse. Harmonie ist mir sehr wichtig, ich möchte, dass sich die Menschen in meiner Gegenwart wohlfühlen. Ich bin aufmerksam und hilfsbereit, öffne den Menschen die Türen und biete im Café meinen Stuhl an. Viele sagen, ich sei ein echter Gentleman. Außerdem bin ich ein guter Hausmann, ich putze wirklich gern. Nur nicht in den Ecken der Zimmer, denn ich finde Spinnen wirklich gruselig. Wenn eine Frau dabei ist, die sich vor den Achtbeinern ebenfalls fürchtet, überwinde ich aber meine Angst.

Glücklicherweise kann ich über mich selbst lachen – ich mache gerne viele Witze, vor allem auf meine Kosten. Mit Kindern komme ich hervorragend klar, ich liebe ihre unverblümte, ehrliche Art. Mir wird oft nachgesagt, dass ich über Charisma verfüge, das ich wohl von meiner Oma geerbt habe – und kontaktfreudig bin ich auch. Ich quatsche jeden an, egal ob die Frau hinter der Wursttheke oder Menschen auf der Straße. Obwohl ich außer Deutsch nur Englisch spreche, komme ich auch im Ausland weit, da ich mich mit Händen und Füßen verständige. Ich kann Lippenlesen, au-

ßerdem beherrsche ich die deutsche und amerikanische Gebärdensprache.

Nur hören kann ich nicht.

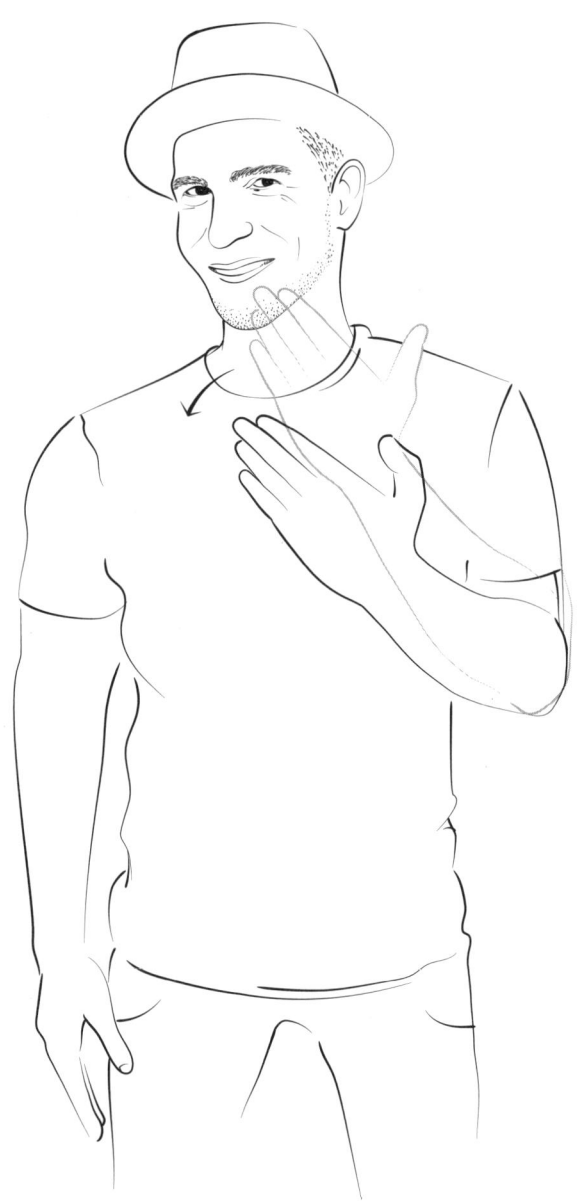

Danke

Danksagung

Wenn man mir vor einem Jahr gesagt hätte, dass ich 365 Tage später den dritten Platz in einer Tanzshow gemacht und anschließend ein Buch geschrieben hätte, hätte ich ihn für verrückt erklärt. Das Leben meint es gut mit mir, aber es gibt auch ein paar Menschen, die mir in den letzten Monaten, vor allem bei der Entstehung dieses Buches, sehr geholfen haben.

Ich bedanke mich bei:
dem Team von Mosaik, besonders Gianna, Stephanie und Johannes,
meinem Manager Binh,
Marcel für die fachkundige Beratung,
Lisa für die Unterstützung beim Manuskript,
Niklas für die Illustrationen,
Isabel für ihre unglaubliche Hilfe bei *Let's dance* und ihre Freundschaft,
meiner Mutter, weil sie mir das Leben geschenkt und mich erzogen hat,
und natürlich meiner wunderbaren Ehefrau Veronica.